高等学校农业经济管理类专业核心课程教材

Nongye Zhengcexue

农业政策学

（第二版）

主　编　张广胜

副主编　周　密　李忠旭　梁　山

中国教育出版传媒集团

高等教育出版社·北京

内容简介

本教材分两篇，共 12 章。上篇是农业政策总论，包括导论、农业政策制定、农业政策执行、农业政策评估及调整。下篇是农业政策各论，包括农业土地政策、农村劳动力政策、农产品市场与流通政策、农产品国际贸易政策、农业财政与金融政策、农业结构政策、农业可持续发展政策、农村社会发展政策。本教材既包括了农业政策的理论部分，又对我国目前各类农业政策分别介绍；既注重农业政策学的理论与体系，又突出了农业政策的时效性，在编写过程中特别注重"工业反哺农业"以来的新政策，使教材更具时代特征与前沿性。

本教材可作为高等学校农业经济管理类专业本科教材，也可作为农业经济管理类专业研究生参考用书，还适合作为政府部门管理人员、农业经济组织相关人员的自学与培训用书。

图书在版编目（CIP）数据

农业政策学 / 张广胜主编. -- 2 版. -- 北京：高等教育出版社，2024. 10. -- ISBN 978-7-04-063115-9

Ⅰ. F320

中国国家版本馆 CIP 数据核字第 2024PV4347 号

Nongye Zhengcexue

策划编辑	刘　荣	责任编辑	刘　荣	封面设计	赵　阳	版式设计	徐艳妮
责任绘图	易斯翔	责任校对	张　然	责任印制	高　峰		

出版发行	高等教育出版社	网　址	http://www.hep.edu.cn
社　址	北京市西城区德外大街 4 号		http://www.hep.com.cn
邮政编码	100120	网上订购	http://www.hepmall.com.cn
印　刷	北京新华印刷有限公司		http://www.hepmall.com
开　本	787 mm×1092 mm　1/16		http://www.hepmall.cn
印　张	12.75	版　次	2016 年 5 月第 1 版
字　数	230 千字		2024 年 10 月第 2 版
购书热线	010-58581118	印　次	2024 年 10 月第 1 次印刷
咨询电话	400-810-0598	定　价	33.00 元

编写组成员（按姓氏字母排序）：

陈金涛（吉林大学）

陈志英（东北农业大学）

韩晓燕（沈阳农业大学）

江金启（沈阳农业大学）

金龙勋（延边大学）

金正浩（延边大学）

李忠旭（沈阳农业大学）

梁　山（河北农业大学）

栾香录（沈阳农业大学）

谭晓婷（沈阳农业大学）

王振华（沈阳农业大学）

杨　欣（沈阳农业大学）

张广胜（沈阳大学）

张慧琴（黑龙江八一农垦大学）

张守莉（吉林农业大学）

张　雪（扬州大学）

赵洪亮（沈阳农业大学）

周　密（沈阳农业大学）

周艳波（沈阳农业大学）

第二版前言

不知不觉,《农业政策学》出版已有七年了。这期间,我国的农业政策实践更加丰富,特别是 2021 年全面建成了小康社会,历史性地解决了绝对贫困问题,全面实施乡村振兴战略。党的二十大报告指出,全面推进乡村振兴,坚持农业农村优先发展,坚持城乡融合发展,畅通城乡要素流动,加快建设农业强国。农业政策学教材与时俱进就显得越来越重要,因此有必要根据国家农业政策的变化对教材进行全面修订,以适应新时代农业农村现代化的新要求。

编写组在借鉴已有的农业政策学教材体系的基础上,为更加突出特色,重点围绕以下三个方面进行了修订。首先,把最新的农业政策相关理论与实践引入到教材中,并对未来农业政策的发展趋势进行了展望。其次,调整合并了部分章节,使得教材体系更加合理。其中,将第一版中的收入政策融入各章中,使得各项政策体系更具有系统性,将第一版农业基本经营制度政策合并至农业土地政策,从土地的所有、承包与经营角度,全面展现土地政策中家庭承包经营与适度规模经营的政策要求。最后,为方便教师授课和学生学习,本次修订调整了部分章节的课后习题,以期对教师教学和学生学习时把握相关理论和知识点有所帮助。

本次修订由沈阳大学张广胜教授主持,具体修订工作分工如下:第 1~4 章由沈阳农业大学周密教授、扬州大学张雪博士负责,第 5~8 章由沈阳农业大学李忠旭教授负责,第 9~12 章由沈阳大学张广胜教授、沈阳农业大学赵洪亮博士负责。全书由张广胜教授统稿,周密教授做了大量协调工作,沈阳农业大学研究生刘淄博、卞碧玉、朱韦明、陈书鹏等同学在修改校对时做了大量工作,在此表示衷心感谢! 在编写过程中的主要参考文献已列在书末,在此谨向其作者表示诚挚谢意! 还要感谢高等教育出版社对本教材编写的大力支持!

由于编者掌握的资料及编写水平有限,本教材难免存在不足,敬请读者提出宝贵意见!

编　者

2023 年 12 月

第一版前言

　　农业政策是市场经济条件下政府调控农业经济的主要手段,特别是在"工业反哺农业"、增加农民收入、发展现代农业的过程中,农业政策学提供了国家和政党为实现一定的社会、经济目标而采取的方法和手段。沈阳农业大学农林经济管理专业农业政策学课程作为辽宁省省级精品课程,在教学过程中努力探索农业政策学学科体系的完善与内容的创新,教学大纲几经修改,融入课程组成员的科研成果,在借鉴已有的农业政策学教材体系的基础上,形成了自己的特色。首先,本教材特别突出了农业政策的时效性,注意把握农业政策的最新动态,并对未来农业政策的发展进行了展望;其次,本教材体系完整,既包括我国农业政策的理论与实践应用部分,也包括外国农业政策简介;最后,本教材把编写人员的科研成果与规范的农业政策科学原则相融合,体现了教材的前沿性和实践性,使教材更具应用价值。

　　本教材主编由沈阳农业大学张广胜教授担任,副主编由沈阳农业大学李忠旭教授、河北农业大学梁山教授担任。张广胜、李忠旭、梁山、陈志英、张慧琴、周艳波、栾香录、韩晓燕、杨欣等老师参加了教材编写大纲讨论会。具体编写任务分工如下:第1章由张广胜、王振华编写,第2章由陈金涛编写,第3章由陈志英编写,第4章由梁山编写,第5章由陈志英编写,第6章由周密编写,第7章由杨欣编写,第8章由周艳波编写,第9章由张慧琴编写,第10章由李忠旭、谭晓婷编写,第11章由江金启编写,第12章由张守莉编写,第13章由金龙勋编写,第14章由韩晓燕编写,第15章由栾香录编写,第16章由周艳波编写,第17章由韩晓燕编写,第18章由张慧琴编写,第19章由金龙勋、金正浩编写,第20章由杨欣编写。全书由张广胜统稿。李忠旭教授协助主编做了大量的协调工作。

　　本教材在编写过程中参考的文献已列在书末,在此谨向作者表示诚挚的谢意。在本教材编写出版过程中得到了高等教育出版社的支持,也一并表示感谢!

由于编者掌握的资料及编写水平有限,本教材难免存在不足,敬请读者提出宝贵意见!

编 者

2016 年 1 月

目录

上篇

农业政策总论

第 1 章 导论

本章学习目标

1. 理解并掌握农业政策的概念和特征。
2. 理解农业在国民经济中的地位与作用,明确农业政策对指导农业发展的必要性、重要性。
3. 了解与农业政策相关的经济学原理及农业政策的分析方法,整体把握教材的内容框架。

导读

农业政策在一国政策体系中尤为重要且复杂。农业政策是政府管理与干预农业发展的重要手段,从这个意义上讲,农业政策与其他产业政策别无二致。但由于农业作为第一产业有其极为特殊的属性,是经济再生产和自然再生产的综合体,这就使得农业政策在执行中存在很大的不确定性。此外,当前农业发展面临新的形势,如转基因等生物技术的使用,农业国际化程度的加深,农产品质量安全、农业环境保护的要求提高等,使农业政策变得日益复杂,成为具有很大挑战性的一个领域。

导论部分作为本书的开端,将介绍农业政策的基础问题。本章的主要内容包括农业政策的含义和特点、农业政策在农业发展中的作用、农业政策分析的经济理论与方法、本书的框架等。

第 1 节　政策与政策科学

一、政策

（一）政策的含义

广义地讲，政策是国家、政党为实现一定目标而制定的行为准则。具体而言，政策是指国家机关、政党及其他团体在特定时期为实现或服务于一定的社会政治、经济、文化目标所采取的政治行为或规定的行为准则，是一系列谋略、法令、措施、办法、方法、条例等的总和。也可以说它是政党、政府在政治上、经济上所采取的方针、策略以及推行方针、策略所采取的手段。自 20 世纪 70 年代以来，世界范围内各国政府对经济活动的政策干预愈加全面，尤其是加强了对科学技术和社会发展以及资源的开发利用和环境保护领域的干预，以维持经济、社会的可持续发展。在我国的社会主义市场经济体制下，政策是体制、市场、经济效益和科技、服务等驱动因素的保障和原动力。

政策的本质是政治的表现形式和实施原则，是人民利益的具体体现。在阶级社会中，政策是统治阶级意志的体现，是国家政权用来进行社会管理的基本手段。政策的制定、执行、改进、完善过程就是当代政治、经济的发展过程。政策的正确与否，关系着一个国家、一个政党的兴衰。不同性质的国家政权和代表不同阶级、阶层利益的政党及政治组织，总是从不同的利益角度出发，制定符合自身利益的政策。

政策与不同利益人群的关系不同。一项具体的政策对不同利益人群所造成的影响是不一样的，不同的人群或利益集团会从不同的角度认识政策，并试图在力所能及的范围内影响政策的制定和执行。为此，一项具体政策的制定、执行和检查修正都是个人、家庭、企业、社会团体和政府机构相互作用的结果。其中，政府行为占主导地位。

（二）政策分类

政策的科学分类，一是有助于我们理解各种类型的政策，二是有助于我们在执行政策过程中对各种政策关系进行协调。政策分类的标准很多，包括政策制定主体、政策层次、政策地域范围、政策所起作用、政府行为影响范围等。

1. 政策制定主体

按政策制定主体分类：一是政党政策，直接体现了一定阶级的意志、利益。二是国家政策，反映统治阶级意志的同时，更多地体现了社会的利益。三是政治团体政策，反映的是该团体的切身利益。

2. 政策层次

按政策层次分类：一是总政策，又称为总路线、总纲领，是政党或国家的全部政策中处于最高层次的政策。它从客观上把握全局，是指导党和国家在较长历史时期内全部活动的基本准则。二是基本政策，是政党和国家在某一方面工作的基本行动准则，即党和国家政治、经济、科技、教育、文化、工业、农业等各方面的方针、政策。三是具体政策，是各级党组织和政府指导各项具体工作的行动准则，是基本政策的具体化，从微观上把握具体问题。

3. 政策地域范围

按政策地域范围分类：一是全局性政策，指在全局范围内发生效力的政策。二是局部性政策，指仅在局部范围内发生效力的政策。

4. 政策所起作用

按政策所起作用分类：一是鼓励性政策，是一种带有奖励手段，以调动人们的积极性、促进某项事业发展为目的，从而鼓励人们朝着某方面努力的政策。二是限制性政策，用于限制人们行为选择的范围，以制止政策制定者所不希望的行为发生。这类政策往往带有"不准""严禁""限制"等字眼。

5. 政府行为影响范围

按政府行为影响范围分类，则包括社会政策、经济政策、技术政策、农业政策等。

(三) 政策的逻辑体系

政策主要是由三大要素组成的一个严密的逻辑体系，即政策背景、政策目标、政策手段。政策背景是起点，是政策作用的对象及周围环境的现状；政策目标是终点，是政策作用于对象后希望其改变成的理想状况；政策手段是起点到终点的桥梁，是政府所采取的把其认为不合理的状态改变成理想状态的

一系列措施。三者之间的逻辑关系如图
1-1所示。

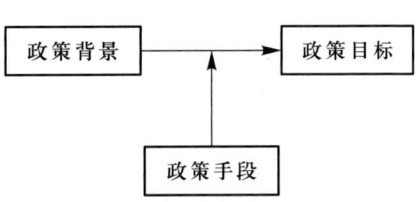

图1-1 政策三要素及逻辑关系

（四）政策的特征

1. 整体效应性

任何政策都有它的相对独立性,需要
独立制定、独立贯彻,同时它与其他政策存在密切的相关性,这种相关性形成一
个政策系统。因此,制定一项政策既要重视单项政策的优化,也要重视政策的整
体效应。

2. 相对稳定性

政策是建立在一定的经济基础上并为一定时期的历史任务服务的,因此必
须有相对的稳定性。政策的稳定性促进了社会经济持续、稳定、协调发展,保证
了社会政治生活秩序基本稳定。政策的稳定性是相对的,不是一成不变的,而是
随着国内外一定时期政治、经济、文化形势的发展和变化而变化的。政策的相对
稳定性体现在政策内容的连续性、时间的持续性上。

3. 原则性与灵活性

政策是一种政治措施,代表了国家和人民的意志和利益,具有高度的原
则性。政策适用的范围比较广,在政策的实施过程中,在严格遵守政策原则
规定的前提下,可以结合本地、本单位的实际情况灵活应用,以保证政策落到
实处。

4. 层次性与相关性

政策本身是一个完整的体系,包括总政策、基本政策、具体政策。不同层次
的政策之间,有着内在的联系。而每个层次的政策中,即各项基本政策或各项具
体政策之间相互补充、渗透、依赖、制约,具有相关性。

二、政策科学

政策科学是以政策及其运动规律为研究对象的跨学科领域。第二次世界
大战以后政策科学(政策研究或政策分析)在美国首先兴起。

（一）政策科学的产生

一般认为,最早提出"政策科学"概念的是美国学者拉斯韦尔(Harold

D.Lasswell）。1951 年,斯坦福大学出版社出版了由拉斯韦尔和勒恩（Daniel Lerner）主编的《政策科学:范围和方法的新近发展》一书,被相关学者们当作政策科学诞生的标志。

（二）政策科学的概念

拉斯韦尔认为政策是"以制定政策规划和政策备选方案为焦点,运用新的方法对未来的趋势进行分析的学问";克朗（R.M.Krone）认为"政策科学是通过定性和定量的方法,探求对人类系统的了解与改进,它的焦点之一是政策制定系统"。中国政策学者对政策科学概念的观点可概括为四种。第一种观点为:政策科学主要是研究政策制定的理论和方法,是研究如何制定优化政策、避免错误政策的科学领域。第二种观点为:政策科学是关于制定政策方案、规划政策实施、评价政策结果、预测政策方向的一门学科。第三种观点为:政策科学是研究政策的属性及特点、政策制定和执行规律的科学。第四种观点为:广义的政策科学是对不同的公共政策的性质、原因和结果进行的研究;狭义的政策科学可以界定为对目标、方案及社会效果之间相互关系的研究。

学者们虽然对政策科学的定义有所不同,但是大都承认政策科学是以政策系统及政策过程为研究对象的,即政策科学是人们对政策运动规律的总结。本书认为政策科学是通过定性和定量的方法,对政策的方案制定、政策的规划实施、政策的结果评价以及政策预测进行分析的一门学科。进一步讲,政策科学主要是研究政府行为的。

（三）政策科学的内涵

从经济理论上讲,所有社会都存在三个主要的经济问题:生产何种商品和服务? 如何去生产这些商品和服务? 怎样分配这些商品和服务? 政策科学在经济领域所要研究的就是政府为什么要干预经济活动,干预哪些经济活动,怎样干预经济活动。政府行为是经济活动中一个最重要的因素,政府活动也应遵循一定的规律和准则。政府行为必须有科学的决策,这种决策系统的最终输出产品就是政策。它强有力地影响各部门的经济活动,产生不同的绩效。

当前,在新时代社会主义市场经济体制建设过程中,需要不断完善和发展政策科学,更好地发挥政府作用,推动有效市场和有为政府更好地结合。

第2节 农业政策及其重要性

一、农业政策的含义

农业政策是政府为了实现一定的社会、经济及农业发展目标,对农业发展过程和重要方面及环节所采取的一系列有计划的措施和行动的总称。农业政策的主体部分从属于一般经济政策,是公共政策的一个重要组成部分。农业政策的主要目标是农业生产长期稳定增长。为了实现这一目标,各国政府通常在农业生产结构、组织形式、资源配置、生产要素流通、产品流通等领域制定一系列相互联系的政策,引导市场中各行为主体做出符合总体利益的决策,并保障最终目标的实现。

鉴于我国越来越强调农业、农村、农民这"三农"问题之间的密切联系,目前广义的农业政策也涉及农业、农民和农村的其他领域。例如,农业环境政策和农村社会发展政策就超出了农业生产的范畴,也超出了经济范畴。它们不仅涉及社会科学领域,而且涉及自然科学领域。尽管它们不是严格意义上的农业政策,但是由于研究、制定和实施政策的机构相同,实施政策的地域范围和受影响的人群相同,加上与主要农业政策之间的相互影响非常明显,我们将这一类政策也囊括在农业政策的范畴之内。

农业政策一直是我国政府引导和推动农业发展的根本方法,受到政府的高度重视。农业政策涵盖的内容较多,并且在不同国家、不同发展阶段是不同的。目前我国的农业政策主要是农业技术经济政策,包括三方面内容:一是农业经济结构政策,有经济组织结构政策、产业结构政策、技术结构政策、流通结构政策等;二是农业生产和再生产政策,包括土地政策、劳动政策、资金政策、技术政策、资源保护政策、生产资料供应政策、基本建设政策以及农业保险政策等;三是农产品流通政策,包括价格政策、农产品储备政策、农产品购销政策和国际贸易政策等。除此之外,农业政策还涵盖农业教育政策、乡村建设政策及消贫、救灾、农民社会团体组织政策等方面。

二、农业政策的特点

农业政策与其他部门经济政策相比有自身的特点,这是由农业的特点决定的。农业是弱质产业,由于具有自然再生产的属性,很难与其他部门进行市场竞争。而农产品又是人类生存的基本物品,极为重要,其供给数量和价格不能有较大波动。因此,政府必须采取有力的政策措施,保证农业在市场经济条件下的市场地位和市场竞争能力,从而保证整个社会经济稳定。

农业政策的特点主要为:第一,与其他政策的相关性。农业政策是国民经济政策系统的一个组成部分,与整个国民经济政策以及农村、农民、相关产业的政策紧密相连。第二,相对的独立性和完整性。农业是个相对独立的经济系统,其政策具有其独立性,因此制定农业政策要有系统思维并保持整体性,各个方面不得偏废。第三,受条件的制约性。农业的发展会受国家经济发展、政治形势的影响,因此不同国家、不同发展阶段的农业政策要考虑不同的外界条件,因地制宜。

三、农业政策与农业法律的区别

农业法律是国家法律体系的重要组成部分,是由国家制定或认可的并以国家强制力保证实施的在农业经济活动领域的行为规则的总称。狭义的农业法律是指由国家立法机构制定的有关农业的法律。广义的农业法律既包括国家立法机构制定的有关农业的法律,也包括其他国家机关制定或认可的有关农业的法律规范。农业法律的特征包括:国家意志性、强制性、普遍约束性、非逆性、范围明确性、相对稳定性。

政策与法律是两个相互联系又相互区别的范畴。所谓联系,是指二者在本质上是一致的,都是统治阶级意志的体现。所谓区别,是指政策与法律各有自己的特征,其地位和作用是有明显区别的。农业政策指导农业法律的制定,同时,农业法律对农业政策有制约作用。

农业政策与农业法律的区别包括:第一,制定主体不同。农业法律的主体是国家立法机构及依法授权的有关机关;农业政策的主体是政党、政府、利益集团等不同的政治主体。第二,表现形式不同。农业法律以规范性的法律文件正式公布出来;农业政策由决定、决议、纲领、宣言、通知、纪要等形式表现出来。第三,实施方式不同。农业法律是以国家的强制力为后盾保证实施的;农业政策则不一定以国家的强制力为后盾保证实施。第四,调整范围不同。农业政策对社会经济生活的调整范围大于农业法律,农业政策一般比较原则和概括地对社会经济生活予以调整;农业法律则比较具体、明确,它规定行为人行使权利与履行义务的方式。第五,稳定程度不同。农业政策相对于农业法律而言,比较灵活多变,它可以根据变化的农业以及整个国民经济形势作出迅速的调整;农业法律与农业政策相比则比较稳定。

四、农业政策在农业发展中的作用

我国的农业发展"一靠政策,二靠科技,三靠投入",农业政策在农业发展中的作用举足轻重。具体包括五个方面:

(一) 指导作用

当从事农业生产经营的微观主体在追求利益最大化的过程中出现负外部性的时候,如对资源的掠夺式利用、对生态环境的破坏等,政府必须通过制定农业政策对相关行为进行宏观引导和规范,以将微观主体的行为统一到有利于农业发展的方向,降低其行为的盲目性和随意性。

(二) 协调作用

这是指协调农业发展过程中各利益相关者间的利益关系。在农业发展过程中会出现一些利益相关者间无法协调的矛盾和冲突,如城乡间、部门间、区域间的矛盾和竞争,这就需要政府通过农业政策规范和界定利益相关者间的权责边界,为解决矛盾提供基本的规范。

(三) 激励作用

20 世纪 70 年代末,我国实行家庭联产承包责任制,90 年代中期延长土地承包期,进入 21 世纪以来进行农业税减免以及农民种粮直补等,这些鼓励农民农业生产的农业政策都对促进农业发展起到了很好的激励作用。

(四) 调控作用

这是指通过农业政策对农业发展进行宏观调控。农业政策中的产业政策、财政政策、信贷政策、价格政策和税收政策等都对农业发展具有重要的宏观调控作用。

(五) 约束作用

这主要体现为农业政策对农业经营主体的行为所形成的限制作用。农业政策的约束作用是农业政策发挥其他作用的基础,如果失去了约束作用,农业政策便会失去效力。

五、政府、市场与农业政策

(一) 政策形成的逻辑起点

世界经济的发展历史表明市场在经济发展过程中的主导地位不能改变。作为"看不见的手",市场在农业发展过程中也起到引领作用。但市场并非万能,会产生失灵。为弥补市场失灵,需要政府制定必要的政策加以弥补。政府对市场的干预,其必要性仅以市场失灵为限。政策的作用就是补救经济活动中这种现实的失灵或可能出现的失灵,弥补市场机制的缺陷。这就是政策形成的逻辑起点,即市场失灵是政策形成的逻辑起点。

市场失灵,是指市场经济自发调节存在一些固有的缺陷或局限性,对某些经济活动领域无法实施有效调节。主要原因有:第一,市场机制本身不能解决社会目标问题。市场经济追求的首要目标是各决策主体自身的效率,是其自身资源的最优配置。对资源配置的评价受社会集团的偏好、社会目标的取向制约,市场调节并不能保证资源配置与社会集团的偏好和社会目标取向一致。第二,市场经济无法提供社会运行所需的公共产品。一个社会总有出自全民需要的诸如国防、教育、基础设施、环境保护等公共产品。这些公共产品具有外部性特征,它们有些是私人产品生产部门不愿提供的,有些是私人产品生产部门无法提供的。因此,单靠市场机制的调节不能保证它们有足够的供应,需要依靠发挥政府的经济和行政功能,将市场缺口填平补齐。第三,自然垄断的存在。规模报酬递减带来的自然垄断会降低社会福利,对这种情况的纠正需要依靠政府的力量。第四,信息不对称。由于在市场经济中有的信息成本过高,因此对消费者而言,并非能完全掌握市场信息,必须在非完全信息条件下进行决策,进而出现了市场失灵的情况,政府应该承担信息提供职能。第五,市场的调节作用具有一定的盲目性。市场机制是自发的经济运行机制,仅仅依靠市场调节经济运行难以避免盲目性,甚至出现无政府状态,带来社会经济的不稳定。

(二) 政府政策干预的目标及缺陷

政府干预并非取代市场,是以市场机制为基础,运用政府的力量,协调局部利益与整体利益的矛盾,保证公共产品的供应,同时遏制或限制市场机制自发运行所产生的经济波动。政府干预的目标,是对宏观经济进行总量控制和政策控制,从而使国家经济的总供给和总需求达到基本平衡,以实现经济增长。

当然,政策干预也存在缺陷。第一,政治、行政行为的目标与市场经济的理想目标可能不一致,措施不完全相容,政治、经济、职权矛盾得不到控制和协调,实际制定的政策和政策实施的结果与初始目标相差很远。第二,政策的制定和实施是由具体的人来进行的,每一个抱有良好愿望的人也可能犯错误,不了解实情、缺乏理论素养或思想方法不对,都可能导致政策实施出现问题。

(三) 市场经济下的农业政策

在经济发展过程中,市场机制始终是第一位的,政府干预则是第二位的。在市场经济条件下,由于农业生产与农产品需求之间出现脱节现象,政府干预成为必要。政府干预的基本目标,是对宏观经济进行总量控制和政策控制,从而使国家经济的总供给和总需求达到基本平衡,以实现经济的稳步增长。在世界各国的农业发展实践中,几乎所有国家都毫无例外地制定了农业政策对涉农经济活动进行干预。

市场经济中政府干预的作用举足轻重,但政府要真正发挥好它的作用,就应当明白它在市场中的地位。在市场经济活动中,政府的作用是充当市场竞争的裁判,制定比赛规则,以消除竞争障碍,维护竞争秩序,提高竞争质量。这些竞争规则多数是以政策的形式表现的。市场经济活动中政府所处的裁判位置,决定了它只负责裁决、监督,而不直接参与市场经济主体的活动。"不与民争利"是各国政府行为最基本的准则。

政府农业政策干预主要包括:为农民提供直接补贴,提供农业信贷服务,加强对农产品市场的宏观控制,提供农业教育的科技服务,对土地资源和环境进行保护,建立农产品储备制度,实行食物分配计划。

第 3 节　农业政策分析的理论与方法

一、农业政策分析的相关理论

（一）与制定农业政策相关的理论

1. 公共选择理论

公共选择理论把经济问题的分析置于政治研究领域,用经济学的方法分析政策决策问题。它所关注的问题包括政治个体的行为特征,以及由此引出的利益团体的行为特征对政策决策的影响等。该理论有助于加深我们对各种利益团体对农业政策制定和执行所产生影响的理解。

2. 经济政策动态学说

该理论把政府制定经济政策作为一个内生变量,系统而深入地研究了经济政策自身存在的演变轨迹。它揭示了经济政策演变过程中出现的日益复杂化趋势,以及执行过程中所产生的扭曲变形原因,有助于我们认识政策扭曲的本质。

3. 委托-代理理论

这一理论将各类经济主体之间的关系看成一种契约关系,从现代产权结构来看,财产的所有者是这一契约关系的委托人,而管理者为代理人。在委托-代理关系中,由于信息不对称和契约不完备,委托人和代理人的利益又经常不相一致,所以委托人不得不对代理人的行为后果承担风险。这种方法可用于分析各经济主体之间由于利益分配不均而导致的农产品地区封锁等政策行为的后果。

4. 组织行为理论

该理论把组织行为看作当代行为科学研究的最高层次的行为。它对组织结构变革和行为方式变化趋势的分析,对促进组织结构变革和行为方式变化原因的分析,对我们分析经济体制转轨时期农业政策部门的组织结构和行为特征,具有重要的理论参考意义。

（二）与选择农业政策相关的理论

1. 经济福利理论与序数效用理论

经济福利理论是建立在基数效用理论基础上的。该理论假定效用可以在不同人之间进行比较,个人的效用函数是连续的和边际递减的,从而每个人都可以用某种确定的基数值来衡量、比较和表示效用满足大小,社会福利就是个人效用的加总。

　　该理论最大缺陷在于认为个人效用也可以比较,但这是极不现实的。帕累托(Pareto)于1896年提出序数效用理论。该理论显示,效用未必能衡量,边际效用递减也很难成立,消费者无从知道效用的数值,而只能说出自己的偏好次序。个人效用的最大满足,不是指达到最大的满足总量,而是指达到最高的满足水平。由于效用不能相加,所以无从知道一个人所得到的效用总量,从而每个人所得到的效用或满足是大还是小,也就无法比较。该理论由此认定,社会福利取决于组成社会的各个人的福利,而不是其他。

2. 福利经济学

　　政府制定农业政策的目的在于推动农业朝满足社会需要的方向发展。政策制定者主要通过影响农业生产要素和农产品价格,来改变整个农村经济的资源配置和收入分配。所以,研究和选择农业政策要求我们考虑把出现在现实社会中的可以选择的经济情况,看作"较好"和"较坏"的等级划分问题。而讨论这一问题的理论大多来自经济学的分支——福利经济学。福利经济学研究社会成员集团的福利。与研究个人行为与企业行为的经济学不同,它研究的是整个社会目标达到的程度,而不是每个社会成员个人目标达到的程度。根据这些主张,我们可以按较好或较坏的尺度,把现实社会中可以选择的情况分成等级。福利经济学研究的是经济学家和决策者对于可以选择的政策之间以及好与坏的制度之间,怎么样和用什么标准做出选择的理论。

　　福利经济学的首要任务就是研究个人偏好与社会偏好之间的关系。一个理性的个人可以在各种事物之间排列出好坏、有无差异等偏好秩序,福利经济学的首要问题就是找出社会整体的偏好秩序。经济学的许多问题都有赖于对社会偏好和社会福利函数的理解。政策的出台必然涉及社会成员的利益调整,寻求满足每个成员福利最大化是政策研究的任务。福利经济学和农业政策的联系是明显的,以至于农户、农业企业和地区政府等各自相对独立的经济利益主体,总是以自己从某项已出台的农业政策中获取利益的多少来评判农业政策的优劣,并以此作为行动的依据。

3. 帕累托最优及其实现条件

帕累托最优是指这样一种状态：每个人的经济状况好到这种程度，以至于任何人都不可能再得到好处而同时不使另一个人受到损失。从某种意义上说，帕累托最优是一种效率如此之高的状态，以至于不可能通过对资源和产品进行再分配来使效率提高。如果存在通过对资源和产品进行再分配，使得某些人的效用水平在其他人的效用不变的情况下有所提高，那么经济就不处于帕累托最优状态，这种重新配置称为帕累托改进，而这也就意味着社会福利增加。

达到帕累托最优需要满足三个条件。

交换效率条件：任何两种商品之间的边际替代率，对于任意两个消费者都是相同的。

生产效率条件：任何两种投入要素之间的边际替代率，对于任何两种商品都是相同的。

产量效率条件：任何两种商品之间边际转换率与它们在消费中的边际替代率相等。

4. 福利变化的测度

完全竞争市场均衡能满足社会的帕累托最优条件，这表明竞争性决定的资源配给和产品分配是高效率的。政府任何企图改变因自由竞争而形成的消费者和生产者之间的分配，都包含经济成本，会带来效率的损失。这意味着政府对资源和收入的再分配政策会背离竞争决定的帕累托最优状态。

帕累托最优是一种理想状态。其实，政府政策要么包含经济效益的损失，要么包含背离竞争决定的资源配给和产品分配。至于选择何种政策，应该在既定的目标约束下，在两种或两种以上可选的政策方案中，比较政府所选方案的经济效益。为了能够这样比较政策，对于可选的政策方法的福利效果必须有某种量度，一般采用经济剩余（Economic Surplus）方法来进行。

经济剩余是指在市场条件下，生产者和消费者在商品供给和需求不断变化中实现均衡状态时获得的市场成本节约。这可以指消费者效用或生产要素收入。当经济剩余没有达到最大时，就存在帕累托改进。这是因为只要不减少每个消费者和生产者的剩余，只是把新增加的剩余恰当地在他们之间进行分配，就可以在不使任何人的状况恶化的情况下使一个以上的人的状况得到改善。在经济剩余达到最大的时候,就没有这种帕累托改进的余地了。

消费者剩余(Consumer Surplus)的概念最早是由法国工程师杰·杜皮特(J.Dupuit)于1850年前后提出的。自马歇尔(Marshall)的《经济学原理》一书出版后,消费者剩余的概念逐渐在学术界广为传播。马歇尔将消费者剩余定义为:个人为物品愿意付出的最大代价与他实际付出的代价之间的差额,也就是消费者实际付出的价格与他愿意付出的价格之差。

生产者剩余(Producer Surplus)是指生产者所愿意接受的最低价格与市场实际价格之差。显而易见,在没有政策干预的生产均衡条件下,生产者剩余和消费者剩余是既定的,因而不存在所谓福利损失,当然就没有福利收益。一旦干预市场均衡的农业政策发挥作用,就会存在因社会资源重新配置而使生产者或消费者获益的可能性降低的情形。政策的经济福利效果就可以用生产者剩余和消费者剩余来加以度量。

本书不再赘述相关的经济学原理,只在此部分做简单介绍。

二、农业政策分析

(一) 农业政策分析的基本内容

农业政策分析的基本内容包括事实分析、价值分析、规范分析、可行性分析四个方面。

1. 事实分析

政策分析中所讲的事实,多指对客观存在的事物、事件与过程的描述与判断。事实分析就是对社会生活中存在的事物、事件、关系及其相互作用进行描述、观察、计数、度量与推理,回答是什么、在什么时间与地点、程度如何等问题。政策分析中,无论是定性的还是定量的,人们通常按照经验的方法,首先对客观现实进行一定因果关系的描述研究,然后才能进行更深入的分析、研究。事实分析最重要的是尊重客观实际,杜绝一切主观干扰。客观存在的事实是独立存在于人的意识之外的。对农业政策分析而言,政策的功能范围无论在空间还是在时间上都是有限的,人们只能按照决策者或政策分析者的价值取向,选取具有特定价值的事实进行研究。

2. 价值分析

政策分析中的价值分析,是考察个人和社会的价值观念以及价值规范,并确定价值标准的研究任务与过程。它回答因为什么、为谁、为什么目的、许诺什么、应优先考虑什么的问题。价值标准直接影响甚至决定政策的性质、方向、合法性、有效性和社会公正程度。因此,价值标准的确认和选择是政策的决定因素之一。一般来说,政策的价值标准包括政治公正标准、经济效益标准、社会可行性标准和实践检验标准。但是,政策所提供的价值标准,不可能对全社会每一个成员都产生相同的作用。社会经济生活中的问题只要经过提炼加工形成政策,就意味着政府在帮助全体或部分社会成员认识什么、改造什么,先认识什么、先改造什么,以及如何改造,等等。社会成员服从政策、执行政策,就是服从于特定的价值意识与价值取向。

一个完整的政策制定过程,从政策问题的提出到政策拟订,直至政策评价,自始至终都贯穿了价值的调节作用。通过价值分析,可以确立一些基本的价值准则来衡量和评价政策方案;通过价值分析,能够了解人们价值观念的变化与趋向,有助于形成新的价值准则;通过价值分析,可以帮助人们树立科学的价值观,指导人们对政策做出新的选择。

3. 规范分析

规范分析主要是应用演绎推理方法,从抽象的普遍原则出发,得出特定问题的结论。政策规范作为一种社会力量,除了推动人们去做那些一致愿意做的事情外,还诱导人们去做他们不一定愿意做的事情,或阻止人们去做愿意做的某些事情。政策规范具有强大的社会教化作用,因此,政策分析中离不开规范分析。

政策分析中的规范分析回答应该是什么、应该怎样做的问题。规范要有效,必须以相关的价值观念为基础。价值观念的任何变化必然带来社会规范的变化。实际上,政策分析中的事实、价值和规范是无法完全割离的。人们一旦获得大量与政策问题相关的"事实的"信息后,往往需要通过特定的假设来判别这些信息。这些特定的假设实际上包含了明显的价值前提。如果政策分析中只有事实分析,而没有价值分析和规范分析,或只有规范分析,而没有价值分析和事实分析,这样的分析是不会有什么结果的。

4. 可行性分析

可行性分析是指政策制定者通过各种方法论证既定政策在实践中是否可以执行以及是否会产生预期社会效果的一种行为。可行性分析最关注的是实践问题,是成本、支持率、效益等现实性、社会性、操作性范畴的问题。可行性分析要回答的问题是:这样做是否行得通? 公众是否同意这样做? 是否能够提供充分的条件或能够提供到什么程度? 需要改变或增加哪些条件才能实现既定的政策目标? 可行性分析的内容主要涉及政治、经济和技术上的可行性。

以政治可行性为例,政治可行性强调政策被决策者或执行者接受的可能性。在实际的政策分析过程中,政治可行性的分析主要是通过考察政党和新闻媒体在特定政策问题上的态度来进行的。得到多数或主要政党和新闻媒体支持的政策是政治可行性程度高的政策,反之则是政治可行性程度低的政策。但是,这样的政策未必是好的政策,未必是正确的政策,而仅仅反映其政治的一致性程度。一般来说,政治可行性越大,政策被接受、被贯彻的可能性就越大。成功的政策往往要全面考虑到各方面的可行性,并寻找最佳的组合。

(二) 农业政策分析的具体方法

1. 社会调查法

正确的政策都是从实际出发,都是主观认识对于客观现实的正确反映。要做到这一点,就必须做调查研究。制定方针政策要调查研究,执行方针政策也要调查研究;从政策经验上升到政策理论要调查研究,将政策理论运用于实践和指导实践,以及政策理论接受政策实践检验,也要调查研究。农业政策也不例外。因此,农业政策的制定、执行都必须紧密联系实际,深入进行调查研究,以获取大量可靠资料,使制定出来的政策能够符合客观实际,并在实施中使政策进一步完善。社会调查是制定农业政策的前提和基础,是研究农业政策科学的最基本方法。

2. 历史分析法

任何事物都有发展演变的历史过程,如果不寻根问底,就很难说明事物的现状和未来,经济现象更是如此。客观事物是发展、变化的,分析事物要把它发展的不同阶段加以联系和比较,以弄清其实质,揭示其发展趋势。有些矛盾或问题的出现,总是有其历史根源,在分析和解决某些问题的时候,只有追根溯源,弄清其来龙去脉,才能提出符合实际的解决办法。

3. 系统分析法

系统分析法是指根据事物的系统特征,从事物的整体出发,强调事物的整体性、层次性、结构性的分析方法。各项农业政策问题都不是独立存在的,它们之间既有纵向联系,也有横向联系。只有从整体上把握有机的内在联系和基本特征,才能制定出切合实际的农业政策方案。

4. 结构分析法

结构分析法接近于自然科学研究中的解剖方法。为了搞清楚事物的本质,就必须把事物解剖开来,深入研究组成事物的每个要素的情况以及要素之间的关系。这样就能够深入细致地认识事物。解剖可以是多层次的。任何事物都是一个系统,研究可以根据需要在系统的不同层次上展开。对事物研究不深入,在很大程度上就是由于没有对事物进行结构分析,没有深入事物内部或组成要素的层面。

5. 模型分析法

模型分析法是分析政策的基本工具。在满足政策系统整体性的要求下,模型分析法力求抓住本质、化繁为简、化难为易。模型的建立过程,要以事实和数据资料为依据,运用一定的科学理论,按照目标的需要,提炼出主要因素、主要过程和主要关系,力求建立能够反映系统本质特征的、符合逻辑的理论和实证模型。模型分析法不仅可以定性说明经济变量之间的关系,而且可以从数量方面进行较精确的阐述。

6. 社会试验法

一些新的政策往往只有先做试验、先搞试点,取得经验、证实可行才能全面推行。社会试验法就是对某项政策在所选择的试验区里进行观察、总结、分析,发现问题及时修正。这种方法对研究制定具有长远意义的政策十分重要。

第 4 节　本书的框架

农业政策学从其研究内容划分看,包括总论和各论两部分。总论的主要内容有:第一,农业政策学的基本理论;第二,农业政策的运行机制和运行规律;第三,农业政策的管理。各论的主要内容有农业土地政策、农村劳动力政策、农产品市场与流通政策、农产品国际贸易政策、农业财政与金融政策、农业结构政策、农业可持续发展政策、农村社会发展政策等。

本书包含总论和各论,分两篇,共 12 章。

上篇是中国农业政策总论,共四章。具体为:导论、农业政策制定、农业政策执行、农业政策评估及调整。

下篇是中国农业政策各论,共八章。具体为:农业土地政策、农村劳动力政策、农产品市场与流通政策、农产品国际贸易政策、农业财政与金融政策、农业结构政策、农业可持续发展政策、农村社会发展政策。

复习思考题

1. 什么是政策? 政策具有哪些特征?
2. 简述农业政策的含义及特点。
3. 简述农业政策分析的基本内容。
4. 试论述农业政策在我国农业发展中的作用。

第 2 章　农业政策制定

本章学习目标

1. 理解农业政策问题、农业政策目标及农业政策方案的内涵。
2. 掌握农业政策问题的认定和论证流程,确定农业政策目标的方法与要求,农业政策方案选择的原则。
3. 了解农业政策问题的基本特征,确立农业政策目标的基本原则,中国农业政策的目标及农业政策方案的选择。

导读

　　中国是农业大国。促进农业发展始终是党和政府所要关注的核心问题。中华人民共和国成立后,出台了大量的农业政策。1958年起实行的"人民公社化"政策,盲目追求"一大二公",违背科学规律和客观实际。党的十一届三中全会后实行的家庭联产承包政策,贴近当时我国的实际情况,针对农业发展中存在的主要问题,将农村土地的所有权与经营权分离,充分调动了农民的生产积极性,提高了农业生产效率,促进了农村经济社会的快速发展。同为国家重要的战略决策,所产生的社会效果截然不同。可见,农业政策的科学与否,对一个国家的农业发展乃至国民经济发展至关重要,而农业政策的科学性往往体现在农业政策的制定上。

　　农业政策制定是农业政策过程的首要阶段,是农业政策学的核心内容。农业政策制定是政策制定者根据农业及国民经济发展的需要,依据一定的理念、程序和方法,对农业及相关问题所作出的决策。它是一项复杂的系统工程,要受到来自自然和社会的诸多因素的制约,要考量农业发展的内在规律及客观状态。农业政策的制定过程包括:农业政策问题分析,农业政策目标确定,农业政策方案选择,农业政策的采纳、合法化与法律化等。

第1节　农业政策问题分析

人类社会面临着各种各样的问题,从某种意义上说,人类社会发展过程是一个问题由出现到解决不断运动的过程。问题是政策制定的逻辑起点,没有问题就无须制定政策。发现和分析农业政策问题,是制定农业政策的基础和关键环节。对农业政策问题认识不准或分析不清,就无法找到行之有效的解决方案。

一、农业政策问题的界定

(一) 农业政策问题的内涵

问题存在于社会发展的各个领域、各个时期,并呈现出不同的特点。所谓问题,是指客观现实状态与人们的期望之间所存在的差距。农业及其相关领域中存在的问题,有的是私人问题,有的是社会问题,并不是所有问题都需要政府制定政策来解决。只有那些依靠私人或市场无法解决的,纳入政府政策议程的,关系到农业经济发展全局的重大问题,才需要政府制定农业政策加以解决。

农业政策问题是指由政府列入政策议程并采取行动加以解决的特定农业事项所存在的现实状态与期望状态之间的差距。可从以下几个方面来理解农业政策问题的内涵。

1. 农业政策问题是一种能够被多数人认知的客观事实

农业政策问题来源于期望与现实的差距,这种差距是客观存在的,不以人的主观意志为转移。任何捏造的、歪曲的或者主观想象的问题都不能成为农业政策问题。同时,农业政策问题关乎大多数人的利益,能够为大多数人所察觉和认知。如果某一问题仅涉及个别人或少数人的利益,没有引起大多数人的觉察和认知,不为政府决策者所重视,将无法成为农业政策问题。

2. 农业政策问题是由利益失衡和价值冲突引起的

任何农业政策都是对人与人之间利益的调整,如果社会现实状态不存在各阶层利益的失衡,或者符合大多数人的利益要求,就不会产生农业政策问题。一个农业问题即使触及社会各阶层的利益,但如果社会全体或大多数人对这一问题高度认同,不存在价值观念上的冲突,也不会成为农业政策问题。

3. 农业政策问题已经被政府纳入议程并着手解决

现实的农业问题转变为农业政策问题,需要政府进行权衡和判断。有些问题是局部的,可以小范围解决;有些问题是潜在的,可以延后解决;有些问题是相关的,可以连带解决;有些问题超出了政府的权限,交给市场机制或社会机制解决。政府会将那些影响重大,迫切需要解决,依靠自身的职权和能力可以解决的问题纳入政策议程予以解决。如果不被政府纳入政策议程并着手解决,即使被有些人视为很重大的问题,也不能成为农业政策问题。

(二) 农业政策问题的特征

制定农业政策的前提是对农业政策问题的形成原因、性质、范围等进行深入分析,而这种分析必须把握农业政策问题的基本特征。农业政策问题具有如下特征:

1. 关联性

从横向上看,农业政策问题与其他政策问题彼此关联,不同领域、不同层次的农业政策问题息息相关;从纵向上看,农业政策问题往往不是突然出现的,都有一定的历史原因和背景,现实的农业政策问题与历史上的农业政策不当或偏差有着直接的联系。农业政策问题的关联性,要求我们在分析农业政策问题时善于从整体入手,进行系统的分析。

2. 人为性

农业政策问题是农业经济实践中客观存在的某种事实状态,但客观事实状态不能自发地成为农业政策问题。只有当某种客观事实触及人们的切身利益,被农业政策制定者主观认知之后,才会对该事实进行界定、分析和评价。受农业政策制定者的认知角度、认知结构及认知能力的影响,对同一客观事实可能有不同的解释。农业政策的人为性,要求我们在分析农业政策问题时充分考虑到人为因素的影响,既要认可农业政策制定者主观判断的重要性,又要使农业政策制定者的主观判断符合客观事实,以避免农业政策制定的失误。

3. 动态性

农业政策问题总是在一定的经济、政治、社会和自然等环境下存在的,而这些环境并不是一成不变的,总是处于运动发展之中。随着农业政策问题所处环境的变化,农业政策问题的性质、程度及影响范围也会发生变化。旧的政策问题解决了,新的政策问题又会产生,农业政策问题的提出和解决始终处于动态的变化之中。农业政策问题的动态性,要求我们在分析农业政策问题时有发展的思维,跟踪政策问题的变化情形,舍弃已经过时的、无效的解决方案,寻求新的、正确的解决方案。

二、农业政策问题的形成与提出

(一) 农业政策问题的形成

农业政策问题来源于"三农"(农业、农村和农民)问题。"三农"问题的形成因素是错综复杂的,既有"三农"自身发展的内在因素,也有经济社会环境变化的外在因素。总体来看,农业政策问题的形成主要涉及历史因素、自然因素、体制因素和国际因素。社会上的"三农"问题大量存在,那么究竟什么样的"三农"问题才能形成农业政策问题呢? 这需要满足如下条件。

1. 客观事实的存在

在"三农"领域已经出现或形成了某种客观事实,这种客观事实不再是个别的、偶然的社会现象,而是大量的、经常出现的社会现象。它们能够被直接观察到,并为多数人所认知,可以由人们经过主观的判定予以描述。

2. 出现了强烈的公众诉求

当某种客观事实持续存在,人们的利益遭到冲击和损害,社会公众的政策诉求势必持续存在并趋于强烈,要求政府采取行动,有效地解决问题,消除人们因此而产生的不安和感受到的威胁。

3. 问题的影响深入而广泛

有些"三农"问题涉及国家的发展全局,涉及社会的长治久安,涉及政府的执政基础,社会公众反映强烈,其一经出现并被认知,就需要列为农业政策问题予以解决。有些"三农"问题的性质虽然没有达到严重的程度,但对人们的生产、生活有广泛的影响,也需要政府相关部门列为农业政策问题予以解决。

4. 属于农业政策部门职权范围内的问题

在市场经济条件下,政府不是万能的,政策也不是万能的。有些"三农"问题不在政府相关部门的职能和职权范围之内,如农民的户籍问题,就不宜列为农业政策问题。有些"三农"问题由政府相关部门制定政策来解决,与利用市场机制和社会自治机制解决相比效果更差、效率更低,也不宜列为农业政策问题。

5. 形成明显的农业政策需要

当现实的某些"三农"问题,政府有责任和能力来解决,也到了迫不及待、非解决不可的程度,政府及其相关部门就形成了明显的政策需要。这种政策需要是政府及其相关部门的职能所在,也是其执政合法性的基础。

(二) 农业政策问题的提出

农业政策问题一经形成,就应当被及时地提出。农业政策问题的提出主体通常有以下几种。

1. 政治领袖

政治领袖是指通过法定的途径居于国家、政党或政治组织最高权力地位的政治领导人物。他们凭借自身的领导地位,就某些事关全局的农业政策问题直接提出自己的政策主张。

2. 政府及其相关部门

政府机构的重要职能就是发现、提出和解决政策问题。政府及其相关部门是农业政策问题最直接、最重要、最有效率的提出主体,由其所提出的农业政策问题很容易进入政策议程。

3. 政党和利益集团

政党和利益集团都代表着一定阶级或团体的利益,他们会从本阶级或集团的利益出发,利用自身的影响力,向政府及相关部门表达对农业政策问题的诉求和主张。

4. 民意代表

民众对某一农业政策问题的诉求往往借助民意代表予以表达。民意代表通过民主推选产生,通过参政议政向政府及其部门反映民众的呼声和要求。

5. 大众传媒

在信息化时代,大众传媒对农业政策制定的影响重大。他们充当民众与政府的中介,一方面,向民众传达政府对农业问题的政策主张;另一方面,向政府传达民众对农业政策问题的看法和观点。通过大众传媒提出的农业政策问题,受众广、影响大,容易受到政府机构的重视。

6. 政策研究人员

政策研究人员分布于官方、半官方及民间的研究机构中,具有丰富的专业知识和敏锐的洞察能力,所提出的农业政策问题因其专业性更容易被政府机构认可。

三、农业政策问题的认定和论证

(一) 农业政策问题的认定

农业政策问题的认定是指农业政策分析人员采用一定的方法对农业政策问题的性质、成因、范围、程度、类型、影响等内容进行分析和确认的过程。农业政策问题的认定会产生农业政策问题信息,是确定农业政策方案的基础和依据。如果对农业政策问题认定错误,必然导致农业政策方案选择错误,不仅无法解决问题,而且会产生新的问题。

一般来说,农业政策问题的认定要经过三个阶段:一是农业政策问题察觉,即发现和收集农业政策问题。农业政策问题察觉既取决于问题的客观存在状态,也取决于相关人员的主观认知能力。二是农业政策问题界定,即理性地分析和解释农业政策问题。问题界定的任务是归类、定性和提炼,将现实中复杂的问题信息进行处理,判断是属于农村经济社会发展中哪个领域的问题,是什么性质的问题,问题的实质是什么。农业政策问题界定中要尽可能地以事实和数据为准,最大限度地贴近客观现实。三是农业政策问题描述,即用可操作性语言准确详尽地描述农业政策问题。问题描述的任务是将经过界定的问题,通过多种方式客观表达出来,成为在性质、成因、程度、范围等方面都很明确和具体的正规问题。农业政策问题描述是农业政策问题认定中最关键的环节,一定程度上决定着某一农业政策问题能否进入政策议程。

(二) 农业政策问题的论证

1. 农业政策问题的论证前提

没有调查研究,就没有发言权;没有调查研究,就没有说服力。农业政策问题的论证必须建立在调查研究的基础上。

2. 农业政策问题的论证层级

农业政策问题的论证可分为小论证、功能论证、二级论证和一级论证四个层级。小论证是指将政策问题分解成若干项目,再对具体项目进行论证。功能论证是指将构成政策问题的各主要因素分析有机综合,从而确定政策问题的结构类型。二级论证是指政府的决策机构分析现有的资源和条件,规划优先发展的项目和需要优先考虑的目标群体。一级论证是指政府最高层对某一政策问题是否进入政策议程的最终决定。小论证反映在特定的项目中,功能论证反映在具体规划上,二级论证反映在政府机构的优先项目确定上,一级论证反映在最高层的决策上。各层次的论证是相互依存的,立论不同,政策方案也会有所不同。当政策论证的等级不断向上时,农业政策问题越来越表现出相互依赖性。

第2节 农业政策目标确定

在发现和提出农业政策问题的基础上,确定农业政策目标是农业政策制定的重要环节。农业政策目标是农业政策的灵魂,既是农业政策制定的出发点,也是农业政策实施的归宿;既是农业政策执行效果的衡量标准,也是农业政策评估的基本依据。农业政策目标决定着农业政策制定的方向,影响着农业政策运行的整个过程。

一、农业政策目标的特征

农业政策目标是农业政策所要实现的理想状态或结果。在农业政策实施以前,农业政策目标就以理性的概念存在于政策制定者的头脑之中,表达着政策制定者的主观意志。这种主观意志一方面要反映人们的社会价值观念,与社会大众的意愿或理想相吻合;另一方面要尊重农村经济社会发展的客观需要,与农村经济社会发展的内部、外部环境条件相吻合。要科学、合理地确定农业政策目标,必须把握农业政策目标的基本特征。一般来说,农业政策目标有如下特征。

（一）多元性

制定一项农业政策要耗费很多社会资源,因此,通常情况下某一农业政策并非仅有单一目标,而是具有两个或两个以上的目标。农业政策目标的多元性要求在制定政策时,全方位、多角度考虑问题,尽量用一项农业政策实现更多的良性目标。

（二）层次性

农业政策的各项目标并非都在同一层次上,有大目标和小目标、最终目标和中间目标之分。大目标或最终目标是政策制定所追求的终极目标,具有根本性,但往往比较抽象,需要逐层分解为若干具有可操作性的小目标或中间目标。小目标或中间目标相互协调、相互补充,共同为实现大目标或最终目标服务。农业政策目标的层次性要求在制定农业政策时,既重视大目标或终极目标的提领作用,保持某一政策的稳定性和连续性,又重视小目标或中间目标的阶梯功能,适时调整和变动小目标或中间目标,促使大目标的实现。

（三）明确性

农业政策目标是农业政策方案拟订的依据。只有目标明确,才能拟订出实现目标的方案和途径。一个完整的农业政策目标应包含三个明确的事项:一是明确的语义表达,内涵不能有歧义,外延要界定清晰;二是明确的实现期限;三是明确的约束条件。农业政策目标的明确性要求在制定农业政策目标时,词语表达确切,时限和约束条件具体,条件允许的情况下尽量使用量化的指标。

（四）相关性

社会矛盾的复杂性决定了各项政策的目标是相互关联的。农业政策目标与其他政策目标不可分割,某一特定的农业政策目标与其他农业政策目标相互联系。这种相关性表现为正向和负向两种。某一农业政策目标可能促进其他政策目标的实现,也可能阻碍其他政策目标的实现,前者互相补充,后者互相对立。农业政策目标的相关性要求在制定农业政策目标时有系统思维,充分考虑农业政策的内外影响因素,不能孤立地设定目标。

二、确定农业政策目标的原则

农业政策目标的科学性决定着农业政策的科学性。科学确定农业政策目标,要综合考虑各方面的影响因素,遵循以下基本原则。

(一)尊重现实,追求实效

制定农业政策目标必须从客观现实出发,真实地反映社会的真实情况,这样才能使政策方案的设计更有针对性,有效地解决现实社会问题。目标过低,不能充分利用现有条件,会出现政策资源浪费;目标过高,超越了现实条件,再宏伟的目标也无从实现,甚至会对社会的正常发展造成破坏。

(二)尊重民意,以民为本

好的农业政策一定是符合民情、通达民意的政策。在制定农业政策目标时,面临着社会各阶层的利益冲突,需要政策制定者在利益冲突中进行权衡,作出价值判断。这种价值判断只有符合最广大人民群众的利益诉求和意愿,才会被理解和认同。农民的利益诉求是制定农业政策目标的重要关注点,只有将农业政策目标与广大农民的意愿相统一,才能调动广大农民的积极性,才具有可行性。

(三)统筹兼顾,突出重点

农业政策目标是政策目标系统的组成部分。制定农业政策目标要统筹各项政策目标的协调性,要使农业政策目标与国民经济发展目标一致,地方农业政策目标与国家农业政策目标一致,专项农业政策目标与总体农业政策目标一致,避免因目标冲突而带来的政策效果抵消。在政策目标发生冲突时,不同层级的目标中,层级高的目标优先;同一层级的目标中,要突出重点发展的目标。

(四)相对稳定,适度弹性

农业政策的大目标、最终目标,一经制定就要在其期限内相对稳定,不到万不得已不能变更。朝令夕改的政策目标,不仅会给政策执行者带来混乱,造成资源浪费,还会有损政策制定者的威信。只有遇到重大的形势变更或经实践证明,原来的农业政策目标已无法执行或存在重大错误,才可变更和废止。由于农村的经济社会发展形势是复杂多变的,在制定农业政策目标时不可能完全预测到未来的情形,在大目标、最终目标相对稳定的情况下,小目标、中间目标可留有弹性,适当地进行调整。

三、确定农业政策目标的基本方法和要求

(一) 确定农业政策目标的基本方法

一般来说,确定农业政策目标有两种基本方法。

1. 固定目标法

固定目标法是指根据现实需要来确定农业政策目标的方法。政策制定者以更高层次的政策目标为依据,借助比较分析,确定出一系列农业政策的期望值,将其固定为目标,并据以寻求该目标的实现手段和措施。

2. 引申目标法

引申目标法是指根据实际可能来确定农业政策目标的方法。政策制定者根据农业政策资源情况及变化前景,分析可能投入的政策手段和措施,以此为依据,借助综合分析,确定农业政策目标的范围,从中引申出具体的农业政策目标。

(二) 确定农业政策目标的基本要求

一个科学的农业政策目标应符合以下基本要求。

1. 具体、明确

设定农业政策目标的目的是调动各种社会力量有效地解决农业政策问题,必须让社会各界对农业政策目标的含义有一个准确、统一的理解。

2. 合理、可行

公平合理地分配社会利益是农业政策的出发点。农业政策目标只有体现公平性与合理性,才能为全社会所接受,才能促使人们为实现该目标而奋斗。如果目标偏离社会公平,不符合农业发展的客观规律或违背社会的主体价值观念,就无法获得人们的认可,不可能取得好的政策效果。任何政策目标都是在一定的时空下设定的,超越时空条件的目标既不合理,也不可行。农业政策目标可以高于现实,但不能脱离现实,要体现出政治上的可行性、经济上的可行性及技术上的可行性。这就要从实际出发,充分考虑各种主客观条件,使目标在现有的资源

和条件下可以实现或可能实现。

3. 有机协调

农业政策目标具有社会导引功能,如果各项目标之间相互冲突或对立,就会出现政策资源的摩擦与损耗,甚至导致人们无所适从,无法达到预期的政策效果。这就要求农业政策目标与国民经济发展目标之间、各项农业政策目标之间有机统一、协调一致,不能相互矛盾、互相牵制。

4. 定性与定量相结合

农业政策目标需要表达出农业政策实施后所要达到的社会预期状态,这种社会预期状态既有质的规定性,需要定性描述;也有量的规定性,需要定量描述。定性描述可以使人们对未来预期状态有本质上的认识,定量描述可以使人们对未来预期状态有直观上的认识。定性与定量相结合,使农业政策目标更有指引力和可操作性。

四、我国的农业政策目标

世界各国由于经济社会发展水平不同,农业发展处于不同的阶段,农业政策目标自然有所不同。总体来看,各国在确定农业政策目标时,都要考虑农产品供给因素、收入因素、环境因素及社会因素,只是在经济社会发展的不同阶段,各个因素的重要程度不同。目前,我国农业正处于传统农业向现代农业转型时期,农业发展水平不高,还存在很多结构性矛盾。从经济社会发展的整体上看,我国进入了以工促农、以城带乡、工业反哺农业的保护农业阶段。在此背景下,我国农业政策的目标主要有:提高农业生产率,确保粮食安全;保护农业,提高农民的生活水平;完善农业市场机制,稳定农产品价格;保护农业资源,改善生态环境。

第 3 节　农业政策方案选择

农业政策方案是指为实现农业政策目标所采取的方法或机制,是实现农业政策目标的工具、桥梁和纽带。没有适当的政策方案,再完好的政策目标也无法实现。农业政策目标的多元性和层次性,决定农业政策方案的多样性、差异性和动态性。为了实现农业政策目标,往往需要多种政策方案的综合运用。

一、农业政策方案体系

1. 经济性方案

经济性方案是指根据经济规律和物质利益原则,利用经济杠杆来调整人们之间的利益关系,从而实现政策目标的方法。在市场经济条件下,经济性方案是最常使用也是最有效的农业政策方案。

针对农业政策目标,经常使用的经济性方案有价格、税收和农业补贴。价格方案是指通过影响农产品的供给和需求,来影响农产品价格的方法。税收方案是指通过增加或减免税收的方式,来调整人们之间利益关系的方法。农业补贴方案是指政府通过财政补贴的方式,使资源转移到农业领域,支持农业和农村发展,提高农民生活水平的方法。

2. 规制性方案

规制性方案是指利用公权力的权威性,采用法律、行政命令、指示、规定或规章制度等强制性方式,来实现政策目标的方法。规制性方案包括法律方案和行政方案。前者所依赖的是法律法规,既包括立法机关所制定和实施的法律法规,也包括国家行政机关依法定职权和程序所制定和实施的行为规范。后者所依赖的是行政机关依法采取的行政措施和行为。

3. 社会性方案

社会性方案是指政府整合和利用社会资源,通过构建参与、互动、合作的机制,充分发挥社会力量的作用,来实现政策目标的方法。社会性方案可以调动农民、社会志愿者及农村自治组织等社会力量,使政府耗费的成本较少,并且往往能起到意想不到的作用。在农业政策目标的实现中,通常使用的社会性方案有农村社区治理、农户家庭影响、志愿者服务及农民信息引导。

二、农业政策方案选择的基本原则

农业政策方案的选择要服务于农业政策目标的实现。某项农业政策目标的实现,总是要选择与该项农业政策目标有内在联系的、能够产生预期效果的方案。选择农业政策方案应遵循以下原则。

1. 综合性原则

一种农业政策方案总是在一定角度和一定程度上影响着一项或多项农业政策目标的实现;一项农业政策目标的实现,也往往需要多种农业政策方案的综合运用。这就要求农业政策方案的选择有系统性,综合考虑各种农业政策方案可能产生的作用,将不同的农业政策方案进行合理的组合与配置,产生最佳的效果。

2. 侧重性原则

在追求实现多重目标时,农业政策方案的选择既要考虑到时间上的先后,又要考虑到实现过程的难易程度。农业政策方案的选择,一定要侧重于农业政策目标中亟待解决的、核心的、薄弱的环节。

3. 动态性原则

农业政策目标的实现是一个过程,随着政治、经济、文化以及人们意识的改变,会呈现不同的发展阶段。在不同发展阶段,农业政策方案会呈现不同的效果。当各种主客观条件发生变化时,农业政策方案也要随之改变。

4. 效益性原则

农业政策方案的使用伴随着不同的人力、物力、时间等操作成本。在选择农业政策方案时,一定要考虑效益的大小,要选择以较低的操作成本却能产生较明显效果的农业政策方案。

5. 可操作性原则

农业政策方案要能比较容易地付诸实践,且对政策方案的说明语言要简练而明确。

三、农业政策方案的设计

农业政策方案的设计是指为实现农业政策目标,将不同的农业政策手段进行有效组合的过程。农业政策方案的设计关系到能否发挥农业政策的应有功能,是农业政策制定中的关键环节。

(一) 农业政策方案设计人员

1. 政府公务人员

政府公务人员依靠便利的信息渠道,在设计农业政策方案中发挥着至关重要的作用。因其分属于不同的部门,在政策方案设计时难免受到本部门特点的干扰,有可能影响方案的客观性。同时,随着农业政策问题不断出现,相应的政策方案设计难度也在不断提高,需要政府动员一定的人力成立专门的农业政策方案设计小组。

2. 科研教育人员

科研教育人员主要分布在各大高校和科研院所,能够熟练运用所学专业知识,相对保证了农业政策方案设计的客观性。但科研教育人员获取农业政策信息可能有限,在农业政策方案设计过程中,要结合政府公务人员和科研教育人员的特点,取长补短,充分发挥各自的优势。

(二) 农业政策方案设计方法

1. 根据时间的变化设计方案

农业政策有不同的阶段性目标,阶段性目标的变化要求政策方案设计不断地进行补充和修改。这个循序渐进的设计方法能够不断地适应各种目标的需要,最终实现全部的农业政策目标。

2. 根据经验设计方案

当新方案与旧方案属于相同(或相似)政策领域时,可将旧方案的设计经验延伸到新方案的设计当中。当新方案与旧方案属于不同政策领域时,可将旧方案的思想观念贯穿于新方案的设计当中。

3. 通过对知识的重新组合设计方案

这种方法既不是对现有方案的修改,也不是对已有方案的借鉴,而是对知识的重新组合运用,设计出与现有政策方案无任何关联的政策方案,具有明显的创造性。

(三) 农业政策方案设计程序

农业政策方案设计通常分为两个部分:首先是对农业政策方案进行初步的轮廓构想,其次是对农业政策方案进行精细设计。

1. 对农业政策方案的轮廓构想

轮廓构想是指对农业政策方案设计出一个大致的轮廓。在进行轮廓构想时,要针对农业政策目标,尽可能多地、全面地提出相应的政策方案。

2. 对农业政策方案的精细设计

精细设计是指对农业政策方案的轮廓构想进行细节的处理。首先,将轮廓构想中提供的政策方案进行筛选,筛选出有针对性的、操作性强的、能够确保政策目标实现的方案。其次,将筛选出来的政策方案进行精细的整理加工。对政策方案的精细整理加工不能与制定详细的执行方案相混淆。

四、农业政策方案的论证

(一) 农业政策方案论证的原则

根据农业政策所要达到的目标,可以设计出多种符合要求的农业政策方案。这些方案都有一定的理论和实践基础,可能通过相应的方法或途径达到既定的农业政策目标。需要对这些方案进行论证,找出实现农业政策目标的最佳方案。在论证过程中,应遵循以下原则。

1. 科学性原则

要保证制定政策方案的理论及方法的正确性和科学性,排除以决策者的主观臆断或个人偏好作为政策方案制定的基础和选择方案的依据;要保证政策方案本身的科学性,信息的来源、采集、传输与加工都要建立在科学的基础上,方案中涉及的作用对象以及对象周围相关环境和系统的预测也要建立在科学的基础上。

2. 一致性原则

农业政策方案所达到的最终效果要与既定的农业政策目标保持一致。同时,要与现行的国家总体政策目标以及已出台的政策、法律、法规保持一致。

3. 实际性原则

农业政策方案应贴近我国农业发展的实际情况,充分考虑我国的基本国情和现实状况,以保证方案的顺利实施和农业政策目标的实现。

4. 可控性原则

如果发生特殊情况使得原有的政策方案难以实现既定目标,或出现一定程度的偏离,应及时采取相应措施进行修改和补救,以保证农业政策目标的实现。在进行方案论证时,应对方案的可控性进行充分的考量,尽量避免不可控因素,以免在实施过程中发生失控。如果不可控因素无法避免,需要对可能发生的情况进行合理预测,并制定相应的预案。

5. 协调性原则

既要实现农业政策作用对象内部的协调发展,也要实现政策作用对象与外部环境的相互协调,还要达成政策制定者与执行者之间的和谐一致。

(二) 农业政策方案论证的要素

在农业政策方案的论证过程中,参与主体所代表的利益群体不同,有着不同的利益诉求。同时,参与主体本身的知识水平、知识背景不同,对政策的认知和看法也有所不同。为追求各自利益的最大化,各参与主体往往会为自己的观点寻找支撑。为避免农业政策方案论证的主观导向,在论证时要考虑以下要素。

1. 农业政策信息

农业政策信息是方案论证的出发点,它可能来源于统计调查的结果,也可能来源于专家的研究结论,或者来源于其他途径。

2. 农业政策观点

农业政策观点是指通过对农业政策信息的综合整理和逻辑推演,得出基本结论,从而形成的农业政策的基本主张。

3. 观点形成依据

观点形成依据是指通过直觉、分析、因果、伦理等形式形成的,将相关信息转变为观点的直接理由或假设,包括基于科学规律、专家权威以及伦理道德准则而进行的深层解析或推理。

4. 驳论

驳论是指不接受农业政策观点的原因、假设或依据,分析驳论有助于认识政策方案中的缺陷及不足。

5. 可行性

在论证时要考虑的可行性包括政治可行性、经济可行性和技术可行性等。

五、农业政策方案的选优与决策

(一) 农业政策方案选优与决策的价值标准

农业政策方案的选择,既包括对方案本身的判断,也包括对该政策方案实施后所产生效果和作用的判断,其本质是一个价值判断的过程。选择农业政策方案的价值标准可能是规范性标准,也可能是经验性标准,或者是二者的结合。

(二) 农业政策方案选优与决策的基本环节

根据比较论证的意见,对多种方案进行鉴别,从不同角度对政策方案进行判断,剔除不符合标准的方案,选择最优的方案。通常农业政策方案的选优包括以下几个环节。

1. 政策目标的判断

受政策方案制定人员个人因素的影响,不同的政策方案所能实现的政策目标会与政策决策人员所要实现的目标存在一定程度的偏离。要对政策方案进行政策目标的判断,保留能够满足农业政策目标的方案。

2. 政策方案的判断

经过比较论证,剔除政策目标虽然正确但政策方案与政策目标不相匹配的方案,保留政策目标正确、政策方案与政策目标相匹配的方案。

3. 利弊判断

对政策目标正确、政策方案与政策目标相匹配的方案进行利弊权衡,分析其各自的效果、影响、得失,对其进行综合的分析比较,从中选出政策实施效果最佳的方案。

(三) 农业政策方案选优与决策的方法及结果

农业政策方案选优与决策的方法主要有定性方法和定量方法。近年来,学者们引入了数学、经济学等学科的方法,对方案的选优与决策进行分析。根据农业政策的不同性质和特点,选择不同的政策决策方法,可以使政策决策更具科学性。

农业政策方案选优与决策可能有三种结果:选出最佳方案、提出新的方案、暂时搁置方案。如果通过筛选,选出最佳方案,则将其作为基本方案。如果难以选出最佳方案,可将其中一种方案作为基本方案,吸收其他方案的优点和长处,综合整理,提出新的、合适的方案。由于各种主客观原因,如政策设计资料不全面导致方案本身有所欠缺,或由于农业政策问题本身面目不够清晰难以对其做出判断,或由于某些不确定因素导致决策者举棋不定难以抉择等,可以暂时将所有政策方案搁置起来,观察事态的发展变化,待时机成熟再进行决策。

六、农业政策方案的修正与完善

经过农业政策方案的选优与决策,最终确定下来的方案仍不能作为农业政策加以实施,还需要政策决策者在某些方面加以修正与完善。农业政策方案修正与完善的内容,要视具体情况而定,可能是对政策目标的调整,也可能是对措施的完善。农业政策制定的目的是解决实际问题,方案选定之后,还要根据农业政策在实施过程中的信息反馈,对方案进行补充、调整和完善,纠正和修改政策执行中的偏差和错误。

第 4 节　农业政策的采纳、合法化与法律化

一、农业政策的采纳

农业政策的采纳是指政策决策者决定采取某项农业政策的过程和行动。实施一项农业政策,就需要采取相应的实际行动,也就会出现相应的社会效果,社会格局也将由此发生改变。正确的农业政策会带来积极的社会效果,而错误的农业政策会带来消极的社会效果。因此,农业政策的采纳需要极为慎重。

在农业政策采纳阶段,决策者的知识结构、经验、阅历、胆识、智慧、能力、直觉和魄力是至关重要的。理论上,最佳政策方案应该被采纳。但在实际执行的过程中,即使最佳政策方案也会出现问题和弊端,这时需要总揽全局、权衡利弊,对于突发的、需要在短时期内解决的紧急问题,很难经过政策拟订、政策采纳这样正常的程序决定,就需要更多地凭借经验、直觉、胆识等作出决定。

二、农业政策的合法化

广义的农业政策合法化是指农业政策能够被公众认可、接受、遵从和推行的过程。狭义的农业政策合法化是指制定和执行农业政策的全过程必须符合法律规范,包括决策主体合法、决策程序合法以及政策内容合法。农业政策方案只有经过合法化的过程,才具有可执行性,才能产生相应的约束能力,才能付诸实践。农业政策合法化的过程根据合法化主体不同,通常有两种情况:当合法化主

体为立法机关时,要经过提出议案、审议议案、表决和通过议案及最后公布政策等步骤来进行。当合法化主体为行政机关时,则要经过法制工作机构审查、领导决策会议决定及签署发布等步骤来进行。

三、农业政策的法律化

农业政策的法律化是指将农业政策进行法律转化的过程。农业政策的法律化实际上是一种立法活动。法律是稳定、严肃、具有强制效力的,这就要对转化成法律的农业政策加以条件约束:一是将对全局有重大影响的农业政策纳入法治轨道,为其作用的实现提供保障。二是具有长期稳定性的农业政策可以转化成法律。三是只有成功的农业政策才可以转化成法律。

复习思考题

1. 如何理解农业政策问题的内涵?
2. 农业政策问题形成的条件是什么?
3. 确定农业政策目标的原则是什么?
4. 简述农业政策目标的特征。
5. 简述我国农业政策的目标。

第 3 章　农业政策执行

本章学习目标

1. 掌握农业政策执行的内涵、特性、意义、制约因素及农业政策执行过程。
2. 了解农业政策执行的模型。

导读

　　农业政策执行是整个农业政策过程的又一重要阶段,是实现农业政策目标的唯一途径。农业政策执行是否有效事关政策的成败。正确地制定农业政策是一件极为复杂和困难的事情,但有时费时费力制定出的农业政策,却不一定能得到有效执行。这种不能执行的农业政策,有可能是好的政策构想,但并不是一项好的农业政策。在假定农业政策制定正确的条件下,农业政策执行的复杂性主要体现在与政策决定相关联的问题上:在观念形态上轻视既定政策决定;在群体关系上对既定资源或利益分配的不满和抵抗;在客观上执行者能力不够、政策资源不足等。

第 1 节　农业政策执行概述

　　农业政策被制定出来以后,必须经过执行这一环节,以实现政策目标。政策执行的有效与否关系到整个政策的成败。因此,农业政策执行与农业政策制定在政策运行过程中相辅相成,同样重要。

一、农业政策执行的内涵、特性及意义

(一) 农业政策执行的内涵

农业政策执行,即农业政策实施,是指农业政策方案被采纳后,政策执行者运用各种政策资源,通过建立组织机构,采取解释、实施、服务、宣传等各种方式将政策观念形态的内容转化为现实效果,从而使既定农业政策目标得以实现的过程。简言之,就是政策执行者将农业政策方案付诸实施,把农业政策内容变为现实以达到农业政策所定目标的过程。这是一个由政策执行者、政策目标、政策对象、政策执行条件、政策执行方式、政策外部环境等诸要素相互作用的动态过程。经过执行的政策最终会被制度化,或为新政策所取代。

(二) 农业政策执行的特性

农业政策执行活动除具有政策过程各阶段所具有的共性外,还有自身的特性。

1. 政策目标的明确性

农业政策目标明确与否,直接关系到农业政策执行的成败。因为农业政策方案的制定是针对普遍情况以整体形象出现的,是比较抽象的观念体系,是所谓的大政方针。执行部门要贯彻落实农业政策,必须对其整体目标进行分解,使其具体化,具有可操作性,便于执行。这样把农业政策总目标通过层层分解,具体落实到各个执行单位,最后落实到农业政策对象。

2. 执行影响的广泛性

农业政策执行涉及众多因素和变量,如政策执行机构的庞大性、政策目标群体的多样性、政策外部环境的复杂性等,它们从不同方面以不同方式直接或间接地影响人们的生活、学习与工作,这种极其广泛的影响,是农业政策执行的结果。

3. 执行过程的灵活性

农业政策执行不是在一个时点上就能完成的工作,它是一个需要不断调整、不断适应的过程。一方面,农业政策方案无论设计得怎样科学合理,都不可能与纷繁复杂的客观实际情况完全一致;另一方面,随着时间的推移、执行活动的进展和环境条件的变化,农业政策执行还会遇到一些新情况和新问题。因此,

农业政策的执行者必须因地制宜,适应各种客观情况的变化,灵活地执行政策,以使政策目标顺利实现。但这种灵活性,是对客观现实情况做出的反应,而不应该成为曲解政策本意的口实。

4. 政策对象的适用性和政策范围的有限性

政策对象是指农业政策所作用和影响的客体,包括直接对象(事)与间接对象(人)。政策对于政策对象应具有适用性,如农业可持续发展政策的对象就是资源和环境以及受资源和环境影响的人。政策范围的有限性是指农业政策只在一定范围内对一定的人或事才有效力,超过了这个范围就失去了效力。

5. 执行的阶段性和连续性

由于农业政策目标和方案都具有阶段性,因而在政策执行上也必然呈现阶段性特点,即政策方案的实施和政策目标的实现只能分阶段逐步进行。农业政策执行既要着眼于最终目标,又要立足于近期目标,要把二者有机地、科学地统一起来,防止超阶段的执行行为发生。与阶段性相联系的是连续性,即在整个政策执行过程各阶段之间存在前后相继的关系。农业政策执行过程是阶段性和连续性的统一。执行者要充分注意各个执行阶段的衔接和统一,应该在实现前期目标的过程中就做好后期目标顺利实现的各种准备。

(三) 农业政策执行的意义

1. 农业政策执行是实现农业政策目标的重要保证

农业政策目标的实现是制定农业政策的出发点和归宿。农业政策制定后,政策执行决定了政策目标能否实现以及实现的程度与范围。如果农业政策制定后不实施,或者实施不到位,即使农业政策制定得再科学、合理,也起不到应有的作用。因此,农业政策执行在整个政策过程中占据非常重要的位置,它的作用影响贯穿于整个政策过程始终。

2. 农业政策执行是检验农业政策的重要标准

实践是检验真理的唯一标准。农业政策执行也是一种实践活动,政策通过执行才能被检验是否符合客观实际,是否真正有效。尽管在农业政策制定时,要求严肃认真、实事求是、从实际出发和科学规划,但这并不能证明或保证制定的政策的正确性和科学性。农业政策执行的过程就是检验农业政策正确性和科学性的过程。

3. 农业政策执行是完善农业政策的重要途径

通过政策执行,不仅可以检验政策,还可以不断充实和完善政策。任何农业政策都不可能一经制定就十全十美,它需要在执行过程中不断地修正、补充与发展,才能日益完善,促进政策质量的提高,实现政策问题的最终解决。从某种程度上说,农业政策的执行过程就是使农业政策得到不断调整、补充和完善,使之更加明确和可行的过程。

4. 农业政策执行是制定新政策的重要依据

制定新农业政策或废止旧农业政策,都要以政策执行后反馈的信息为依据。只有认真总结农业政策在执行中的经验与教训,才能调整、补充和完善农业政策,淘汰过时的农业政策,科学合理地制定新农业政策。所以,根据反馈信息,认真总结政策执行中的经验教训,才能使修改后的政策或新制定的政策更科学、更正确,提高农业政策制定的质量。

二、农业政策执行的模型

在政策研究的早期,政策方案被人们更多地关注,对政策执行的研究较少。但后来研究发现,在影响政策目标实现的因素中除了方案的正确性外,政策执行是一个关键的因素。作为政策系统的一个组成部分,政策执行越来越受到研究者的重视。20 世纪 70 年代以后,越来越多的学者对政策执行进行研究,他们从不同的角度建立了政策执行模型,以期帮助人们认知所要解决的问题。政策执行模型是对政策执行过程中相关重要因素之间相互关系的理论描述。

(一) 过程模型

在众多的研究政策执行过程的模型中,过程模型具有较大影响。该模型由美国学者史密斯在 1973 年发表的《政策执行过程》中提出。具体模型如图 3-1 所示。

以往政策的理论工作者和实践操作者往往把注意力集中在理想化政策上,较少注意目标群体,对于执行机构和环境因素也没有给予足够的重视。而史密斯在过程模型中提出"四因素理论",即理想化政策、执行机构、目标群体和环境因素为政策执行过程中所涉及的重大因素。① 理想化政策,是指合理、理想

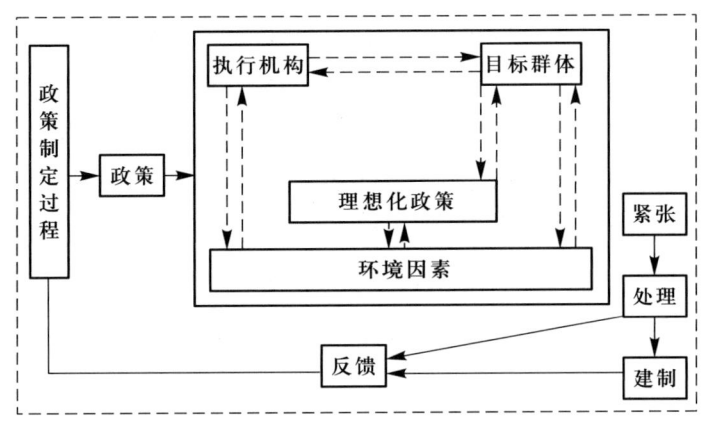

图 3-1 政策执行的过程模型

资料来源:钟甫宁.农业政策学[M].2版.北京:中国农业出版社,2011.

的政策方案,是政策制定者试图实现的理想的相互作用模式,包括政策的形式、类型、范围和政策的形象等。② 执行机构,是指政府机构中负责政策执行的单位,包括执行机构的组织结构与人员、领导方式与技巧、执行者的能力与信心等。③ 目标群体,是指受政策影响而必须采取新的相互作用形式的那些人,他们直接受政策影响,并会做出各种反应甚至是抗拒的行为回应政府的政策。因而,就政府的政策执行而言,必须有效地应对目标群体的各种反应,以使政策顺畅地执行。④ 环境因素,是指政治、经济、社会和文化环境中影响政策执行和受政策执行影响的因素,这些因素都会直接影响政策执行的效果。

可见,过程模型主要是从政策执行整个过程中所涉及的相关因素进行分析的,指出了影响政策执行的相关因素:政策本身正确与否;执行机构的执行力度;政策对象对政策的认可程度和政策执行环境状况。史密斯提出的政策执行的"四因素理论",为后来学者对政策执行影响因素的研究奠定了基础。

(二)互动模型

互动模型是麦克拉夫林在 1976 年发表的《互相调适的政策执行》中提出的。麦克拉夫林认为政策执行过程是政策执行者和政策对象之间就政策的既定目标做出相应调整的一个互动过程,政策的执行效果直接取决于该调整的程度。调整的对象包括以下几点:一是当政策执行者与政策对象之间观点不一致时,可从政策给双方带来的利益出发,各自对自己的立场做出调整,双方达成妥协;二是政策的目标也可根据环境的变化和政策对象的需求不同而做出相应的调整;三是在互动的过程中,双方的地位平等,不存在政策执行者的地位高于政策对象的现象,只有保持双方地位的平等,才能保证互动有效进行;四是政策对象作为政策的目标对象,他们对于政策的意见,也将直接被反映到政策当中,这样才能保证政策的时效性。麦克拉夫林由此得出结论:成功的政策方案有赖于成功的政策执行,而成功的政策执行则有赖于政策执行者与政策对象双方行为的成功调适。政策执行者和政策对象间的这种互动关系可用图 3-2 表示。

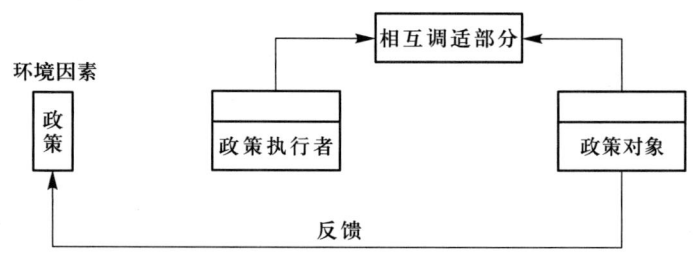

图 3-2 政策执行的互动模型

资料来源:钟甫宁.农业政策学[M].2 版.北京:中国农业出版社,2011.

(三) 浴盆模型

事物的不断发展变化与政策相对稳定性之间的矛盾,决定了每项政策都有失效的过程。保证执行的可靠性,就要控制它的失效性。据可靠性理论分析,在政策执行过程中,政策失效可分为三个阶段:早期失效、偶然失效和耗损失效。

一项新制定的政策,在执行开始时就遇到失效,就是早期失效阶段。早期失效主要由于传统习惯的阻力、人们对政策不甚了解、政策本身还可能存在某些缺陷等。这时,尽管政策的失效率高,却并不一定意味着政策不合理,切不可轻易地做出重大改变。因为任何重大新政策的推出,一般都会存在早期失效的过程,倘若因此而轻易改变,那就必然总是在早期失效阶段来回振荡,造成政策不稳定。因此,这时新政策要坚持执行下去,同时不断追踪检查,及时做必要的修正。政策执行一定时期后,转入正常,新政策就能发挥它的有效功能,较少失效,这个阶段称为偶然失效阶段。该项政策再继续执行相当时期后,失效率又会增大,这意味着主客观条件发生了变化,政策开始老化,已经进入耗损失效阶段。这时,必须及时制定新政策,取代旧政策。这种政策失效的变化呈浴盆状,被称为浴盆模型,如图3-3所示。

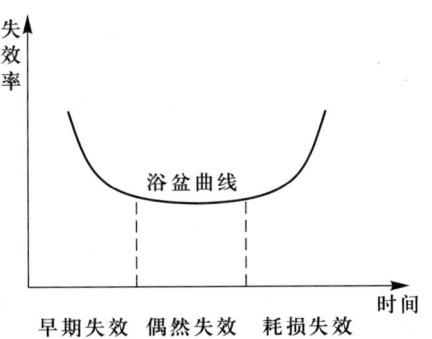

图3-3 政策执行的浴盆模型
资料来源:钟甫宁.农业政策学[M].2版.北京:中国农业出版社,2011.

浴盆模型提醒人们不要仅关注早期失效率较高的现象,而应注重失效质的分析,切忌轻易地改变政策,造成政策不稳定。在偶然失效阶段,要不断追踪检查,提出新措施,修正原方案,尽可能延长这一时期。在耗损失效阶段,要及时制定出新政策取代已经失效的政策。

(四)循环模型

循环模型是马丁·雷恩和弗朗西·F.拉宾挪维茨在1978年合著的《执行的理论观》中提出的。该模型将政策执行过程分为三个阶段:① 拟订纲领阶段。这一阶段将立法机关的意图转化为行政机关执行政策的规范和纲领,通过正式或非正式途径告知大众,这样受政策影响的群体与人员可以反映他们的意见,政策纲领可据此有所修正,以争取较广泛的支持。② 资源分配阶段。这一阶段将政策执行所需要的资源平均地分配给执行者。③ 监督执行阶段。这一阶段对政策执行过程与成果加以评估,确认执行者所应承担的行政责任,以提高政策执行的成效。

上述三个阶段是持续循环的过程,并遵循三个原则:① 合法原则,主要是指政策本身的合法性,兼指政策执行者必须遵从法规。它受几个因素的影响,即民意代表权力与地位的高低、技术可行程度、立法辩论的争议范围和厘清程度、立法者与执行者支持法律的程度。② 理性原则,是指执行者必须认同将要执行的政策,认为它在伦理上、性质上和行动上都是合理的。③ 共识原则,是指有影响力的执行者只有在具有争议的问题上达成共识,执行才能顺利。

政策执行的循环模型是一个上令下行和下情上达的过程,其最典型的特征是将政策执行过程看作持续循环的动态过程,因而极为重视分析政策执行要素的重复影响力或循环性,同时强调监控在政策执行中的重要地位。政策执行的循环模型提示我们在政策执行过程中有必要重视分析政策执行要素的重复影响力,必须看到环境因素对政策执行过程的影响也是具有重复性的。

三、农业政策执行的制约因素

(一) 内部因素

1. 农业政策方案的质量

农业政策方案是政策决策者的想法和决心的反映,它决定了政策执行过程及其最终结果。农业政策执行是根据方案本身规定的内容来进行的,所以政策方案的质量是制约政策执行的重要因素。因此,农业政策能否有效执行,首先取决于政策方案本身是否科学。政策方案的科学性通常包括:合理性、明确性与具体性、稳定性与连续性、可操作性。

(1) 农业政策的合理性。农业政策的合理性是指农业政策本身具有的因果关系,即这一农业政策具有客观的针对性,并且能够切实地解决这一问题,而不是凭主观想象提出一个农业政策问题,再主观设计出一项农业政策。如果农业政策凭主观设计产生,那么肯定无法被执行,就是执行了也会带来巨大的负效应。如果某项农业政策得不到切实的执行,那么这项农业政策就存在不合理性。

(2) 农业政策的明确性与具体性。农业政策目标是衡量农业政策执行效果和效率的标准。一项农业政策目标要能够顺利实现,就必须明确而具体,即:农业政策目标必须是切合实际并可以达到的;目标是可以比较和衡量的;目标应该指出所期望的结果;目标的完成必须是农业政策执行者职权范围内的事;目标要规定完成的期限。只有这样,农业政策执行者才有信心,才能获得广泛的支持。

(3) 农业政策的稳定性与连续性。农业政策反映了一个国家政府在一定时期内对农业政策的基本倾向,因此,它必须保持相对的稳定性与连续性。

(4) 农业政策的可操作性。一项农业政策要能够顺利执行,需要具有明确的可操作性,包括:农业政策目标的明确表述,农业政策措施和行动步骤的明确规定,农业政策具体执行方式等。

2. 农业政策问题的性质

农业政策的顺利、成功执行与政策所要解决的政策问题的性质密切相关。农业政策问题的性质,是指农业政策所涉及的范围,解决问题的类别、程度和规模等。那些涉及人们经济利益分配和调整的农业政策,如农产品的价格政策和土地政策,所需采用的政策措施较多,引起的经济利益转移较为复杂,执行起来就比较困难;对于涉及问题较简单的农业政策,如农业科技政策,执行起来就比较容易一些。因此,在执行一项具体的农业政策时,需要对政策问题的性质有充分的认识和了解。

(二) 外部因素

1. 农业政策对象

农业政策对象是指政策直接作用及影响的对象,是政策的接受者。农业政策主要表现为政策对象的经济利益分配和调整,表现为对其行为的指导、制约或改变。因此,农业政策能否实现预期目标,不是政策制定者和执行者能够完全决定的,在很大程度上取决于政策对象。

(1) 农业政策对象的接受程度。政策对象服从、接受农业政策,政策执行就会成功;反之,就会失败。可见,政策对象对政策接受的程度是政策有效执行的关键因素之一。农业政策对象能否接受某项农业政策以及接受程度如何,主要取决于农业政策执行对他们切身利益的影响程度。在一般情况下,一项农业政策如果能使政策对象获利,就容易被接受。当然,通过政策宣传,一部分人可以放弃或不顾自己的经济利益接受某项农业政策,但这不能持久,也不能全部解决问题。有时,有些政策对象并非自愿地接受某项农业政策,是为了避免受到惩罚。

(2) 农业政策对象的数量多少及行为变化。农业政策所涉及的人员数量,在一定程度上决定了农业政策活动的复杂程度。一般来说,农业政策所涉及的对象人数越少,政策的界限就越明确,执行起来也就越容易。

农业政策对象及其行为变化的类型越多,相应矛盾就可能越多,会影响农业政策的执行效果。随着时间的推移和条件的变化,政策对象对某项农业政策的接受程度可能发生变化。一项最初不能为人们所接受的政策,执行一段时间后,人们便可能习以为常,并把它作为行为准则。当然,政策对象这些行为的变化,也是以他们经济利益的得失为衡量标准的。一项根本不能给大部分政策对象带来经济利益,甚至会造成损失的农业政策,推行的时间再长,也难以被接受。

2. 农业政策执行人员

农业政策执行人员,是指适合既定农业政策执行需要的富有能力的专业或职业人员,主要包括政府各级执行机构内的工作人员。农业政策执行人员的政策水平、政治观念和行为倾向、工作积极性和责任感、知识结构和组织能力等构成了制约农业政策执行的重要因素。

(1) 执行人员的农业政策水平。首先,执行人员的农业政策水平体现在对农业政策的理解力上。任何一项农业政策的执行,都需要执行人员对它充分理解,这样才能正确地执行。否则,政策执行肯定要受到影响,难以达到预期目标,甚至会发生偏差。其次,由于农业政策执行具有多层次决策的特点,在政策执行过程中,执行人员常拥有一定的决策权,他们的综合分析能力、判断与决策能力以及对各种具体问题的应变处理能力,是他们政策执行水平的一种重要表现,也会影响政策的执行效果。

(2) 执行人员的政治观念和行为倾向。农业政策执行人员能否从整个国家的利益和民族的利益出发,能否具有全心全意为人民服务的精神,同样影响农业政策的执行。也就是说,执行人员是否具有高度的思想政治觉悟,对农业政策执行具有极为重要的影响。农业政策执行在某种意义上就是对利益的分配和对行为的调整。有许多农业政策执行不力,不一定是政策对象造成的,可能是执行人员为了个人利益或小集团的利益,以不同的方式进行抵制,这对农业政策执行造成了危害。

(3) 执行人员的工作积极性和责任感。农业政策执行人员往往身兼目标群体和执行人员的双重角色。当作为目标群体的政策执行人员的利益为他们执行的政策所调整时,他们便处在整体利益与局部利益的两难选择中。某一项农业政策有可能给执行者自身带来某种损失,那么执行人员的意向就决定了这一政策是否能够顺利执行。可见,农业政策执行人员的工作积极性和责任感,对农业政策的顺利执行具有重大影响。为此,在选派执行人员时应尽量选用那些理解和支持农业政策的人,还要采取多种方式组织广大执行人员认真学习农业政策,提高执行人员的政治素质,培养其对农业政策目标的认同感和执行农业政策的使命感。

(4) 执行人员的知识结构和组织能力。农业政策执行人员应该熟练地掌握政策科学的基本理论和所从事的农业政策领域的专业知识,广泛地了解政治学、社会学、管理学、社会心理学及法学等其他领域的相关知识,只有这样才能在农业政策执行过程中取得较大的主动权。农业政策执行人员不仅要正确地估计形势,做好农业政策的宣传工作,动员各方面支持,争取政策执行所需要的各种资源,健全和完善执行系统的组织机构,维持组织的内聚力等,而且要从实际出发,采取机动灵活、随机应变的策略,协调好各方面的关系,分清轻重缓急,有次序、有步骤地推行农业政策。

3. 农业政策的执行机构

一般来说,国家行政机关就是政策执行机关。我国农业政策的执行机关是中华人民共和国农业农村部。国家行政机关掌握着执行政策的资源,又是联系政策决策者和广大政策对象的纽带。因此,国家行政机关组织机构的功能和作用是影响农业政策执行的重要因素。

(1)组织机构的布局。组织机构的布局就是组织机构的层级与幅度。层级是指组织机构纵向的层次划分;幅度是指组织机构横向的部门划分。组织的纵向结构和横向结构的结合是当代组织结构的特点之一,这就要求政策执行系统必须正确处理层级与幅度的关系。组织机构的层级与幅度有着密不可分的关系。适宜的层级与幅度有利于农业政策目标的分解以及农业政策方案的具体化,从而有利于农业政策的执行。合理的层级划分使不同层级的机构分别承担不同的工作任务,而适宜的管理幅度划分有利于农业政策执行的专业化、程序化,有利于权责一致、政令统一,从而使整个农业政策执行过程能够顺利进行。如果层级与幅度的设计或划分不合理,则会产生消极作用,尤其是在层级过多、幅度过大的情况下,其消极作用就更为明显,将影响农业政策的有效执行。

(2)组织机构的分工协作。农业政策的有效执行,需要根据地区、职能和工作性质等因素,对组织机构进行分解,如分解为种植业、林业、畜牧业、渔业等组织机构,或分解为科研、教育、推广等部门和单位,以保证政策执行的专业化,便于政府实施有效管理。分解后的各个机构单位都要有明确的权责,但不能各自为政、各行其是,必须是一个统一的整体,以达到最佳的组织效率。各执行单位必须密切配合、协调行动,这就要求政府组织机构进行职能划分时,不仅要分工明确,而且要考虑这种分工是否有利于合作。组织机构如果分工不合理,农业政策目标就难以分解;如果协作不力,农业政策执行必然表现为松散和无力。只有在合理分工协作的基础上才能使组织机构有效地执行农业政策。

(3) 组织机构的权责关系。权责关系不明确是农业政策执行过程中各部门之间产生摩擦的主要原因。因此,明确各部门的职权和职责至关重要。明确权责就是要明确规定每一个执行部门的组织规模和组织规程;明确规定其职权和职责,以避免在执行过程中产生职权不清、事权冲突、相互扯皮、争权夺利等弊病。农业政策执行的负责人在分配下级执行机构的任务时,应根据执行工作的需要,授予下级执行人员一定程度的管理权限和自主权,同时,应明确规定各个工作岗位的职、责、权、利,使之能够积极地完成政策执行任务。

(4) 组织机构的命令与服从体系。农业政策执行机构的主要特征在于,通过建立其上下、左右的组织机构,来形成一个统一的、完整的命令与服从体系。这种命令与服从体系,是有效执行农业政策的组织保证。总之,合理的组织机构要做到纵横结构的布局合理、各部门之间的分工合作协调、权责关系明确。

4. 农业政策的执行资源

农业政策的执行资源是政策执行主体执行既定的政策所必须具备的客观和主观条件。政策执行主体实际获取和实际使用的国家公共资源的种类和数量,既构成了有效执行政策的条件,又构成了检验政策执行效果的价值评判标准之一。一项具体而明确的农业政策,如果执行时缺乏必要、充足的资源,也达不到预期政策目标。通常,农业政策的执行资源主要指人力、资金、物资、信息、权威等方面。这些资源是政策执行必不可少的资源,对农业政策执行具有重要作用。

(1) 人力资源。人力资源是政策执行的原动力。农业政策执行效果与执行水平密切相关,而政策执行水平的高低是由政策执行人员的素质和数量决定的。但是,在政策执行人员的数量上存在一个适度问题。如果参与政策执行的部门和人员过多,则执行人员要花费更多的精力和时间来处理部门之间和人员之间的关系,甚至还可能由于参与执行人员过多而造成办事拖拉和内耗,从而增加政策执行的难度。如果参与政策执行的部门和人员过少,又不能满足政策执行的需要。

(2) 资金资源。资金资源是农业政策执行的一种必需资源。在农业政策执行的整个过程中,从启动到运转都需要大量资金,具体包括农业政策执行人员的工资和办公经费等。同时农业政策执行必然造成经济利益转移,而这种转移需要政府筹集或垫支。因此,农业政策执行不仅必须有合理的经费,而且在绝大多数情况下,执行农业政策的经费来自国库拨付,并且只能来自国库拨付。这是因为,在存在利益纷争或潜在纷争的条件下,农业政策执行经费的非国库拨付极有可能产生社会公平问题,进而诱发新的农业政策问题。在政策执行实践中,还要注意防止出现资金过多或过少的现象。

(3) 物资资源。物资资源是农业政策执行的另一种重要资源。一些农业政策的执行仅靠资金是不能解决问题的,比如对粮食市场价格的调控政策,就要求政策执行者必须掌握足够的粮食。因此,区别于其他领域政策,只有资金,没有物资,有些农业政策不能被有效执行。

(4) 信息资源。现代社会是信息社会,信息是农业政策制定的重要依据,也是农业政策执行的必要条件,因此,信息是农业政策执行所必需的重要资源之一。农业政策的执行人员不仅要通过各种渠道获得足够的信息资源,而且应确保信息渠道畅通无阻。否则,很难制定出切实可行的行动计划和策略,也无法对政策执行过程进行必要控制。

(5) 权威资源。权威资源是农业政策执行的一种特殊资源。权威能够成为一种重要资源,是由于:① 权威是工作指派、工作指导以及工作控制的依据,而这三者正是政策有效执行的前提;② 权威是奖赏或惩罚执行者的行为、提高工作效率的标尺和活化剂;③ 权威加强了执行人员的责任感,可以提高执行人员的工作热情;④ 权威是取得协调的基础,是谋求行动上协同一致的良方;⑤ 权威是下属表示服从、诚意接受某项建议而予以执行的动力;⑥ 权威的享有者一般都具有某方面的专长,在决定农业政策执行的步骤上可以提供丰富的经验和专业知识。建立农业政策的权威,就是要使农业政策成为党和政府的意志,使每一个执行者服从它。

5. 农业政策的执行环境

农业政策的执行环境是指除执行机构自身之外的诸多社会因素和自然因素的总和,不仅包括政治环境、经济环境,也包括社会文化环境。农业政策总是处于一定的社会文化环境中,特别是与政治、经济、科技、人口、环保等政策都有着诸多联系。所以,农业政策执行必须有适宜的环境。

(1)政治环境。国家政局稳定、人民安居乐业,既能保证经济的持续稳定发展,又能培养良好的、健康的社会秩序,有利于各项政策顺利推行。同时,要考虑国际政治环境的变动及舆论导向对政策执行的影响。因为农业政策的有效执行需要得到目标群体对政策的接受和支持。而目标群体对某一政策是否接受和支持,在很大程度上取决于舆论导向。因此,应重视利用大众传播媒介进行政策宣传,为政策的有效执行奠定群众基础,以推动农业政策顺利执行。

(2)经济环境。农业政策作为公共政策的一部分,它的制定和执行受国家整体经济状况和农村经济发展水平的影响。农业政策的制定和执行必须立足于国家经济的现实状况,国家经济的现实状况不仅影响政策的基本倾向,而且影响政策的执行效率,因为政策的执行需要以人力、物力和财力的投入为基础。

(3)社会文化环境。社会文化环境主要由特定的价值观念、行为方式、伦理道德规范、审美观念、宗教信仰及风俗习惯等内容构成。它影响和制约着人们的消费观念、需求及特点、购买行为和生活方式,对农业政策执行效果会产生直接影响。

第2节　农业政策执行的原则与过程

执行农业政策的过程,就是把农业政策与具体实际相结合的过程。认真贯彻落实农业政策,既是农业政策本身的要求,也是促进经济社会可持续发展的需要。

一、农业政策执行的原则

在政策执行过程中,必须切实把握以下几个主要原则。

(一)原则性与灵活性相结合的原则

农业政策执行的原则性,是指执行农业政策时必须遵循政策的精神实质,保证政策的统一性、严肃性和权威性,严格按照政策要求,全面地、不折不扣地实现农业政策目标。农业政策执行的首要条件就是严格按照政策本身所规定的政策对象、政策范围去实现农业政策目标,而不能随意变更、曲解政策。只有这样,才能保证农业和农村经济工作顺利进行。

农业政策执行的灵活性,是指在不违背政策原则和保持政策方向的前提下,坚持从实际出发,采取灵活多样的方式方法,因时因地制宜,使政策目标得到实现。首先,农业政策的时效性决定了执行政策的灵活性。任何农业政策都是针对一定时空条件下的特定问题制定的。随着时空条件的变化,农业政策会失去效力,而新农业政策代替旧农业政策很难做到十分及时,往往有一个滞后期。在这种情况下,就要求农业政策执行者从实际出发,挣脱旧农业政策的某些不合理条文的束缚,具体情况具体分析,灵活地解决实际问题。其次,农业政策的层次性决定了执行农业政策的灵活性。党和政府制定的农业政策是从全国的总体情况出发的,具有普遍的指导意义。但是,各地区情况不同,甚至差异很大,这就要求各地区、各基层部门在贯彻执行农业政策时因地制宜,制定符合当地实际的具体农业政策措施。最后,任何一项农业政策都需要逐步完善。农业政策的执行总会遇到新情况、新问题,这就需要执行者根据实际逐步完善农业政策。灵活性的核心是具体情况具体分析。

在农业政策执行中坚持原则性与灵活性相结合的原则,就是要把政策精神和实际情况相结合,准确地把握农业政策执行的界限。灵活是在原则所允许的范围内的灵活,而不是随心所欲;灵活性的临界点是政策的原则性。二者只有有机地结合在一起,才能更充分地发挥农业政策的作用。

(二) 协调性与反馈性相结合的原则

政策执行的协调性,是指政策执行主体行为的协同一致。执行农业政策必须遵循协调性原则,使每一个执行机构、每一个执行人员都可能相互配合、协同工作,从而保证整个执行系统协调运转。

信息反馈是农业政策执行过程中的一项重要工作,农业政策执行人员必须予以高度重视。在具体执行工作中,执行结果很难做到与目标完全一致,或一点偏差也没有。这就要求加强跟踪检查,及时反馈,以便随时修正偏差,使农业政策更科学、更实用。只有农业政策执行过程中坚持反馈性原则,才能及时发现政策执行过程中出现的偏差,以便采取针对性措施,确保政策目标的实现;通过实践对农业政策的检验,为政策的修正、完善和追踪决策提供客观依据。

（三）试验性与普遍性相结合的原则

科学试验是一种行之有效的检验手段,这同样适用于农业政策。所谓试验,是指在农业政策方案确定后、普遍实施前,选择一定的地区或典型单位进行小型试验的一种科学方法。通过试验,不仅可以避免不必要的损失,还可以起到示范作用,统一人们的认识。农业政策试验的目的之一是解决普遍推广问题即全面执行问题。如果试验成功,说明方案可行,那么就可全面执行、普遍推广。按照"试验—总结—推广,再试验—再总结—再推广"的思路,反复试验,逐步展开,取得扎实经验,用于全面指导、推动农业政策的执行。

（四）领导与群众相结合的原则

在执行农业政策时,必须把领导与群众相结合的原则贯穿到政策执行的全过程。任何农业政策的贯彻执行,既需要领导机关和领导者的积极性,又需要有广大农民群众的自觉性,这样才能保证农业政策的顺利执行。

一切政策都是从人民群众的根本利益出发而制定的。农民群众既是贯彻执行农业政策的主要实践者,又是政策的直接受益者。只有相信和依靠群众,把农业政策客观真实地告诉群众,农业政策才会变为群众的行动,政策才能顺利地贯彻执行。

二、农业政策执行的过程

农业政策的执行具有一定的逻辑顺序。实践中,不同类型的农业政策其执行过程不完全相同,有简单分为学习宣传、贯彻执行两个阶段的,也有分为学习宣传、组织实施、监督检查三个阶段的,还有分为确定指导思想、设计执行方案、进行政策试验、做好组织准备、开展宣传、加强学习、具体执行等多个阶段的。总体来看,对一些重大的新出台的农业政策的执行过程,应当包括以下几个阶段。

（一）政策的学习和宣传阶段

认真学习和深刻理解农业政策,是执行农业政策的基础。学习的内容包括:农业政策的指导思想、目标、原则、方法与任务、范围与界限,农业政策的一般理论与政策思想,农业政策的客观现实等。

学习的目的是宣传。政策宣传是政策执行过程的起始环节,是政策执行活动的有机组成部分。农业政策的宣传,就是通过各种有效渠道,向农业政策执行者、对象和社会各方面解释、说明农业政策的合法性、合理性、必要性和效益性,以获得各方对农业政策的理解、接受和支持,并形成有利于农业政策执行的社会舆论环境,促使和引导人们的行为朝宣传者所希望的方向发展。农业政策的宣传不仅包括对农业政策的宣布或公布,还包括政策制定者对政策执行者和政策对象的教育、说服和鼓励。要使政策得到有效执行,必须首先统一人们的思想认识,而政策宣传就是统一人们思想认识的有效方式。因此,政策执行机构只有利用各种宣传工具大力宣传政策,让所有相关人员都了解农业政策,达成共识,才能相互配合,共同实施,为政策执行打下坚实的思想基础。

(二) 准备阶段

准备阶段的工作具体包括计划准备、物资准备、组织准备和人员准备。

1. 计划准备

农业政策是行动的指导原则,其内容只是一种原则性规定,并不包括具体行动的细节。要使政策顺利地得到执行,就必须对总体目标进行分解,根据实际情况,把这些行动原则具体化,以翔实的、具有可操作性的计划作为农业政策执行的依据。这样,才能明确工作任务,使得执行活动有条不紊地进行。执行计划应客观、全面、一致、灵活。

2. 物资准备

只有在物资方面做好充分的保障,才能为政策的有效执行提供有利条件。物资准备具体包括财力准备和物力准备。在财力准备中,既要注意为执行活动提供充足的财力保证,也要坚持勤俭节约的原则。另外,还需考虑整个执行过程中所需要的物资和设备,提前做好准备。

3. 组织准备

组织准备是指要确定农业政策的执行机构,明确责任、具体落实。农业政策的具体执行有赖于组织机构对农业政策的贯彻与执行。要根据农业政策的主要目标、各项指标与具体任务,科学地规划和设置各职能部门。各职能部门的组织机构要完善,人员配备要齐全,人员分工要明确、合理,对各部门的工作应制定考核标准。

4. 人员准备

任何一项工作的落实都离不开人员的参与,政策的执行也不例外。所以,应该选择具有较高政策水平的高素质人员来执行政策。在政策执行前,对执行人员进行专业培训,并明确执行人员的权力和责任。

(三)制定执行方案阶段

农业政策执行方案包括:执行过程的阶段划分;不同阶段的主要工作及其目标;各种活动的先后次序和时间安排;人、财、物等资源的分配与使用;组织机构及执行人员之间的分工;等等。有了执行方案,政策执行过程才能有条不紊地进行。制定农业政策执行方案,应注意:① 方案要切实可行、可靠,排除主观臆断因素,有关人力、物力、财力等条件必须精确具体,不可含糊笼统;② 方案要有适应环境变化的弹性机制,有应对意外情况发生的防范机制;③ 方案要能够统筹方方面面,理顺各种关系,切忌顾此失彼;④ 方案要和农业政策目标保持一致,做到组织上的统一性和方向上的一致性。

(四)试验阶段

一项政策如果不能很好地执行,不仅不能实现既定目标,而且可能带来很多负面影响,甚至造成巨大损失。所以在一项政策全面落实之前,有必要进行试验,这样既可以规避风险,也能从中获得经验和吸取教训。在政策研究中,政策试验不仅是验证政策方案、评价和选择政策方案的重要方法,而且是研究和探讨政策执行的方法、步骤,从而推进政策实施的重要措施。因此,政策试验应该选择具有代表性的试验对象进行试点,设计周密的试验计划,并将其落实;最后对试验结果进行分析,总结试验过程中的经验和教训。

(五)全面实施阶段

在这一过程中要求在严格地遵循政策执行的基本原则,充分发挥政策执行的功能要素的基础上,依据试验经验,并结合各地区的实际情况,灵活地做出相应的调整。但必须是在符合地区客观实际的情况下进行,而不能以适应地区情况为由,擅自主张,人为地改变政策,为地区牟利。为了使农业政策方案落到实处,要加强政策执行机构建设、执行人员的队伍建设并制定必要的管理规章制度。

(六)农业政策执行中的沟通与协调

从系统论的观点来看,农业政策执行系统是由若干执行机构和执行人员等要素构成的一个有机整体。在这个有机整体中,各要素之间相互依存、相互制约,其中每一要素功能的发挥都有赖于其他要素与之配合;否则,就会引起彼此间的矛盾,导致执行系统的紊乱,进而影响整个执行系统功能的发挥。因此,在执行农业政策时,必须加强沟通与协调。

1. 农业政策执行中的沟通

沟通是政策执行过程中各级组织人员进行信息联系和传递的过程,是对政策目标及其相关问题获得统一认识的方法和程序。农业政策执行中的沟通主要包括:执行者与上级进行的上行沟通;执行者之间进行的平行沟通;执行者与政策对象进行的下行沟通。通常每一种沟通都是双向的。有效的农业政策沟通,不仅可以使人们统一思想、统一行动、相互配合、共同协作,而且可以增强参与意识、激发主动性和创造性、发挥整体效益、提高执行效率。

2. 农业政策执行中的协调

协调是引导农业政策执行组织之间、执行人员之间建立良好的相互协作、相互配合的关系,使组织内部各部门、各环节的各种活动不发生抵触、失控、重复,从而有效地实现共同目标的行为。协调主要包括:农业政策执行机构内部的协调,即每个执行机构的领导者对所属部门之间以及执行人员之间工作所做的协调;农业政策执行机构之间的协调,即上下级机构的协调和平行机构之间的协调。当然,协调是以沟通为前提的,没有思想上的一致,就不可能有行动上的协调,协调是沟通的目的和结果。

(七)农业政策执行的监督检查

农业政策执行的监督检查是指政党、国家和社会团体及其工作人员、人民群众等对农业政策执行者进行检查、控制和矫正,以便发现和纠正违反农业政策目标的行为。这是农业政策执行过程中的一个重要的保障环节和终结环节,是提高政策水平的一项重要措施。通过监督检查,有助于及时发现和纠正农业政策执行中的偏差,妥善解决有碍农业政策落实的具体问题,从而保证农业政策目标的有效落实;有利于总结经验和教训,以便更好地掌握农业政策执行的主动权。

监督检查的形式有专门机构监督、上下级机构监督、同级机构监督、群众监督和社会舆论监督等。每种监督形式都有其独特作用,但根本目的都是发现和纠正政策执行过程中的偏差和失误,保证政策目标顺利实现。

农业政策执行的监督检查既要及时和务实,又要敢抓和持续,要注意:① 坚持深入实际,在实践中进行,不可只看资料、专听汇报;既要监督检查结果,又要监督检查过程,因为问题往往产生于过程之中。② 采取一分为二的态度。监督检查时,不仅要对成绩与缺点、正确与错误予以实事求是的总结,而且要具体问题具体分析,分清主要和次要,分清原则性和非原则性问题,分析产生问题的原因。③ 把监督检查与具体指导结合起来。结合监督检查,提出改进措施,及时进行指导,使农业政策能够被更好地贯彻执行。

 复习思考题

1. 农业政策执行的特性是什么?
2. 什么是浴盆模型? 浴盆模型提醒人们在政策执行过程中应注意什么?
3. 简述农业政策执行的过程。

第 4 章　农业政策评估及调整

本章学习目标

1. 掌握农业政策评估的标准和内容,农业政策调整的基本含义。
2. 了解农业政策评估的意义和原则,农业政策调整的实质和内容。

导读

从农业政策过程来说,农业政策评估与调整属于两个不同的部分。农业政策评估是依据特定标准,运用多种方法对农业政策实施的过程和成果进行衡量、检查、评价和估计,对具体的农业政策作出优劣判断。农业政策制定阶段的方案评估也属于农业政策评估的范畴。而农业政策调整的实质是:根据新的认识和发展变化了的情况,废止、修正已不适应新情况的政策,或制定新的农业政策。

第 1 节　农业政策评估的原则

农业政策评估是农业政策过程的一个重要的组成部分,对农业政策的完善和农业发展具有重要意义。农业政策评估是农业政策调整与变更的基本依据,是确定新的政策问题、制定新政策的必要前提。政策评估,尤其是正确评估,本身又是政策宣传的一种形式。同时,农业政策评估可以提供关于既定政策的各种信息,以便为决定政策变化、分配政策资源、改进政策和制定新政策提供有力依据。

一、农业政策评估的整体性原则

不仅农业政策体系是由许多单项政策组成的,而且每一项农业政策是由许多政策要素组成的。因此,在农业政策评估过程中,必须以整体目标为标准,对各项农业政策和各种政策要素进行前后一致的、具有内在连贯性的整体评估。各项农业政策及其各要素,由于其性质不同、地位不同、作用方式各异,从而对农业经济生活造成不同影响。但是,各项农业政策及其各要素的作用必须符合农业政策总目标的要求,以利于整体效能的提高。

二、农业政策评估的时效性原则

农业政策评估的时效性是由农业政策效力的递减作用决定的。农业政策效力递减的原因为:政策具有老化的过程;政策本身具有副作用,且副作用是逐渐增加的;外部条件发生了变化。因此,评估中要按照农业政策的时效期限,分析并确定该项农业政策的优劣程度。

三、农业政策评估的规范性原则

通过对一项已实施的农业政策进行评估,就可以较好较快地预测到类似于该项政策的其他政策的实施效率及其可能引发的问题。这种属性就称为农业政策评估的规范性。因此,通过对某项政策实施的环境、过程以及效率进行评估,就可为未来农业政策的制定提供必要的信息,保证农业政策的可行和高效。

四、农业政策评估的动态性原则

某些因素对农业政策的影响,在短期内并不明显,但从较长时间来看,这些因素积累起来的影响是非常大的。这可称为农业政策的动态性。农业政策评估方法和标准不仅要有静态的,而且要有发展的和动态的,以便从不同的侧面来分析、评估农业政策,使未来农业政策的制定和实施得以优化。

五、农业政策评估的区域性原则

不同地区自然、社会、经济条件差异很大,同一政策问题的严重程度及采取的解决方法不一样,其实施结果会有较大的差别。因此,不能忽视地区差异对政策实施的影响,不能用绝对相同的标准来评估不同地区政策实施的结果。

六、农业政策评估的定性分析与定量分析相统一原则

由于影响农业政策效率的自然因素和社会经济因素纷繁复杂,在进行农业政策评估时,只有坚持定性分析与定量分析相结合,才能提高评估的科学性和准确性。首先要进行定性分析,以明确政策的性质、特点,以及与其他因素的关系等。在此基础上,深入进行定量分析,以准确把握政策效益优劣及其程度。定性分析与定量分析不可偏废。只做定性分析而没有定量分析,定性分析会成为空洞的说教,不能准确地把握政策效益的大小或程度;只有定量分析而不做定性分析,定量分析就没有前提和基础,从而不能得出正确的评估结果。

第2节　农业政策评估的标准

农业政策是国家和政党为农业工作制定的行动指南,其主要目标是发展特定社会历史时期的生产力。虽然有些政策直接作用于社会生产力,有些则是通过对上层建筑和意识形态的影响,反作用于生产关系,间接作用于生产力。但是,检验和衡量任何政策的最终标准都是生产力标准。

一、政策交易费用

政策交易费用是一个舶来语,是指维持或实施政策所花费的成本费用。它是衡量一些制度或政策效率高低的重要指标。通俗地讲,政策交易费用是指政策实施过程的投入,其中包括资金支出、执行人员的数量和工作时间等各种政策资源。作为政策评估标准的政策交易费用有两方面的意义:一方面,一项政策的实施必然要耗费一定量的经济资源。也就是说,一定水平的交易费用是政策目标实现的必要条件(当然不是充分条件)。如果一项政策的实施没有采取任何行动或很少采取行动,不进行必要的投入,那么政策目标是不会达到的。所以,政策交易费用的高低在一定程度上显示了政策实施状况及效果的大小。另一方面,政策实施所花的费用不可过高。一般认为,如果政策交易费用等于或大于政策

效益,则表明政策无效。由此可见,政策交易费用过高或过低都是政策实施效果不好的表现。很显然,政策交易费用作为衡量政策实施及效率的标准有其局限性。只有政策影响不明显而又很难测定时,人们才用政策交易费用这个标准来衡量政策的执行及效果。更多的情况则是将政策效益与交易费用结合起来评估政策的优劣。

二、政策效益

在政策评估中,政策目标的实现程度称为政策效益。政策效益是判断、衡量政策实施效果的重要标准。政策效益具有两方面的表现:一方面表现为它满足人们需要的程度,简称政策有效程度;另一方面表现为它满足了多少人的需要。也就是说,它不仅取决于政策问题解决的深度,还取决于政策问题解决的广度。所以,政策效益的大小是由政策有效程度的高低和政策涉及的人员数量多少这两个因素决定的。

应该指出的是,政策效益的确定往往受评估人员的主观影响。政策效益表现为政策实施后所取得的现实成果,是一种客观存在。但是在实际工作中,人们对政策目标、政策实施效果的认识总是带有不同程度的主观色彩,因此,政策效益的确定很难避免评估人员主观意识或偏好的影响。

另外,政策效益具有多层次性。一项政策实施的结果,往往既有直接效益,又有间接效益;既有正效益,也有负效益;既有内部效益,又有外部效益。所以,政策效益评估应充分考虑政策实施的全部结果和影响,避免由评估的片面性导致的评估结论失真。

三、政策效率

政策效率是指政策效益与交易费用之间的关系和比例。可以表示为单位费用所能获得的效益,也可以用单位效益所需要的费用来表示。政策效率标准所强调的是怎样以更快、更好、更省的方法来实施政策,所以需要研究下列问题:一项政策耗费了一定的资源以后是否产生了效益?是否存在获得相同效益而能降低交易费用的方法和途径?使用水平更低,或数量更少的人员是否也能获得相同效益?等等。政策效率评估可以分为两个层次:第一层次是政策实施机构及其工作人员的工作效率,主要是指以最少的工作和成本实施某项政策措施,解决某个具体问题,或者在掌握政策资源有限的情况下,尽量扩大政策效益。第二层次是一项政策的全部成本与总体效益之间的关系。政策的总体效益并非完全取决于政策实施本身的投入,而是由与政策有关的综合因素形成的总成本(包括直接成本和间接成本)所决定的。因此,要想更精确地测算出一项政策的效率,必须将两者加以对比。两个层次的效率既有区别又有联系,第二层次效率的高低在很大程度上取决于第一层次效率的高低。

由此可见,政策效益标准与政策效率标准不相同但有联系。政策效率较高,并不一定就能获得较高的政策效益;反过来,高效益的政策亦未必是高效率的政策。当然,两者在很多场合是统一的。政策的高效益与高效率都是我们应该追求的目标。

四、社会回应程度

实施某项政策,总会使不同的利益集团的需求在一定程度上得到满足。这种满足程度,称为政策的社会回应程度。

政策的社会回应程度主要是从社会效益角度考察政策实施后的宏观影响。政策作为党和政府所采取的政治措施,总是要为政党、政府所代表的利益集团服务的。因而,政策对象对政策的社会回应程度关系到党和政府的信誉与地位,关系到整个社会的稳定。政策的社会回应程度高,社会就会安定与发展;政策的社会回应程度低,不仅实施政策的阻力会很大,而且可能造成混乱。由此可见,社会回应程度标准是对政策在更高层次上做出的判断,具有更广泛的意义和作用。一项好的政策不仅要有较高的效益和效率,而且应有较理想的社会回应程度。当然,政策效益与效率在更多情况下与社会回应程度是相辅相成的。

提高政策的社会回应程度是政策研究的重要问题,制定切合实际的政策是提高社会回应程度的基础。然而,由于政策资源是有限的,往往很难使政策效应得到最充分的发挥,加上人们的利益要求具有动态性,所以要保证政策有较高的社会回应程度不是一件容易的事情。在这种情况下,政策宣传、政策制定与实施的民主化就显得十分重要。政府通过政策宣传,使广大人民群众对政策内容有较清楚的认识和理解;政府通过加强政策制定过程的民主化,使政策执行者及人

民群众参与政策的制定。这样,即使政策不能立即或直接满足政策对象的要求,也会有较高的社会回应程度。

综上所述,政策交易费用、政策效益、政策效率及社会回应程度是评估政策的四大标准。它们之间既有联系又有区别,综合四大标准可从不同的方面和层次来揭示政策的优劣及其原因。正因为如此,政策评估应注重全方位分析,避免采用单一标准进行评估可能得出的片面结论。当然,由于政策评估的内容十分丰富,每次评估的目的有所侧重,因而,具体标准的选择和应用要具备一定的灵活性和自由度。

第3节　农业政策评估的内容

一、农业政策方案评估

农业政策方案评估是政策制定中的重要内容,也是政策评估体系的组成部分。农业政策方案评估主要是指在政策制定过程中,对不同政策方案进行比较分析,从中选择出较好的方案;或对某一政策方案进行论证,以对其可行性做出评估。农业政策方案评估的主要特征在于它是对某项具体政策的事先评估或预测性评估,其主要任务是为政策的选择、修正及决策提供科学依据。农业政策方案评估的内容主要有三个方面:一是对政策方案目标系统的评估。就是决策者审查政策方案确认的目标系统是否适宜,选定该政策方案目标系统的原因和理由是否科学或切合实际。二是对政策方案与措施的评估。就是对目标系统与方案、措施是否匹配、是否可行,以及可能产生的利弊影响等予以评估。三是对政策方案边界范围的评估。就是对政策方案本身界定的这一政策在什么时间、什么地方、对什么人或事物适用,是否得当,是否存在应该调整的地方等进行评估。

除了对政策方案内容评估外,还要看政策方案是否符合制定原则:从农村和农业实际情况出发,实事求是的原则;社会主义基本原理与中国农村实际相结合的原则;党的总政策和国家经济建设总目标要求的原则;认真总结本国经验,善于吸收国外长处的原则。

二、农业政策实施评估

农业政策实施评估是对政策的实施过程进行检查、分析与评价,是政策评估体系的重要组成部分。农业政策实施评估一方面要搞清楚政策是否确已落实到了原定的政策对象或区域;另一方面则要分析政策落实过程中的行为与措施是否符合政策设计的要求。农业政策实施评估具有很重要的意义。首先,有利于政策实施过程的控制。只有通过农业政策实施评估,才能真正搞清楚政策实施过程存在的问题或取得的成就,才能真正了解问题的实质及原因,从而采取恰当的解决办法。同时,它可以确定政策执行的可行性,探讨包括政策实施人员在内的政策资源的调整策略,寻求成功实施政策的方法。因此可以说,实施评估是政策实施中确定、调整或修正实施政策的基础。其次,可以作为解释和说明政策成功或政策失败的重要依据。政策的成败及其程度,都是政策实施的结果。实施过程的各因素对政策效果和影响起着不可忽视的作用。只有了解实施的情况,才能全面、正确地估计政策的效果和影响,也只有进行实施过程的评估,才能搞清楚政策失败是政策方案本身的问题,还是由于政策实施失误造成的。

农业政策实施评估的具体内容包括三个方面:① 实施过程行为评估,主要是指对实施过程中依次发生的事件所采取的行动以及所投入的政策资源及时进行检查、反思。② 政策运行信息的收集及处理,即汇集政策实际运行的资料。③ 政策实施前景与问题的预测,即分析、寻找政策设计和实施中可能存在的缺陷与失误。通过政策实施评估可以达到如下目的:了解政策参与者(包括实施人员及政策对象)的行为特性;政策所提供的服务及其质量,以及政策参与者对此作出的反应;对不同地区政策实施情况进行比较分析,了解政策实施的地域性差异,以便加快政策实施的规范化进程;分析政策制定与政策实施两者的差异,以便做出合理的调整。

三、农业政策效果评估

农业政策效果评估是对政策实施之后所产生的影响和效率进行分析与评价,它是政策评估的主要内容。农业政策效果评估可分为农业政策影响评估和农业政策效率评估。

（一）农业政策影响评估

农业政策影响是指因实施一项政策，在个人、团体、国家、社会、自然环境等方面所引起的变化。农业政策影响评估的作用为：① 确定政策的内容如何安排才最有可能影响政策对象并产生所需的变化。② 有利于政策资源的合理利用。对政策实施者来说，可以通过政策影响评估来决定各种政策资源的利用和分配，以寻找最佳的实施措施；对政策决策者来说，可以根据政策影响评估提供的资料来考虑长期性政策资源的获取与分配问题。另外，在政策普遍推广之前，综合政策试点进行的小规模影响评估，有利于更好地设计政策的实施计划和策略。

农业政策的影响范围广泛、层次复杂，有长期影响和短期影响、直接影响和间接影响、具体影响和象征性影响、预期影响和非预期影响、内部影响和外部影响等。具体地讲，农业政策影响评估的内容主要包括以下几个方面：① 政策对象感受到的初步影响，即他们的行为、思想、生活环境因政策措施的执行而发生的初步变化。② 政策对象以外的团体受到的影响和副作用，即政策的溢出作用（外部影响）或副作用，也可看作政策的继发影响。③ 政策措施形成的初步影响与继发影响对整个社会系统所产生的影响。如农村非农就业政策最终对城乡关系及整个社会系统，在结构及运行等方面产生的影响。④ 政策本身反馈作用所造成的影响，即前项政策的影响会影响或改变后项政策。对上述影响评估的目的，在于确定一项政策是否形成了预期的影响及影响的大小。

农业政策影响评估主要是估计出一项政策的净影响。政策的净影响是指仅由政策本身引起的那部分影响。它排除了其他因素所引起的任何作用。这种影响评估必须具备两个先决条件：一是确定衡量政策目标的标准，因为政策影响及其程度是针对政策目标而言的；二是政策已经充分实施，政策对象已充分地经受了政策的作用。离开了这两个条件，政策影响评估是不可能的。

评估政策影响可用以下公式：

$$I = E_2 - E_1 \tag{4-1}$$

式中：I——政策影响；

E_1——政策对象未接受政策之前可以衡量的值；

E_2——政策对象在接受政策之后可以衡量的值。

式 4-1 中所确定的数值为政策的粗影响,即政策对象在接受政策之后的全部变化,它包括政策引起的变化和其他外部因素带来的变化。所以这种估计只是大致和粗略的,仅反映政策影响的基本趋势。此外,考虑到外部因素的作用,可以在式 4-1 的基础上,测定政策的净影响。具体如式 4-2、式 4-3 所示。

$$I=E_2-C_2 \tag{4-2}$$

式中:C_2——同期未接受政策控制的团体可以衡量的值。

$$I=(E_2-E_1)-(C_2-C_1) \tag{4-3}$$

式中:C_1——未接受政策控制的团体在政策实施之前可以衡量的值。

式 4-3 计算出的政策影响最为精确,它是测定政策净影响的主要公式。

从上述公式可以看出,要做好政策影响评估必须剔除政策以外的因素所造成的影响。一般来说,这种影响有下面几种情况:

(1) 政策对象在没有政策影响的情况下也会由于本身所具有的运动规律而发生变化。评估一项经济政策的影响,应扣除经济发展的惯性作用。

(2) 剧烈社会变动带来的影响。有时社会变动的作用很大,甚至能够左右政策本身,往往会使原有政策的实施受到影响,甚至导致无法实施。

(3) 偶发事件,尤其是不可抗拒的自然现象的干扰,会导致一定的农业政策失败。

(4) 诸如政策实施活动的不协调、不统一,政策实施中信息不通等所引起的政策实施偏差,以及资料收集中的测量、计算误差,都会影响政策净影响的评估。

(二) 农业政策效率评估

农业政策效率评估主要是分析在支出了成本之后是否获得了充分的效益;与其他支出相比,政策资源的使用是否更加经济有效。农业政策效率评估的结论很大程度上标志着政策的成败,从而影响着政策的继续或终止,影响着政策资源投入的增加或减少。

政策效率评估包括成本收益分析和成本效能分析两种基本类型。

1. 成本收益分析

成本收益分析适用于政策效率可以货币化的评估。这种分析既要确定政策收益(包括具体收益和象征性收益),又要确定政策实施所花费的成本费用(包括直接成本和间接成本)。在成本和收益确定之后,将两者转化为统一的货币单位,然后加以比较分析。其基本公式为:

$$I = \sum_{i=1}^{n} \frac{B_i}{C_i} \qquad (4-4)$$

式中:I——政策效率;

B_i——第 i 年该农业政策实施所获得的收益;

C_i——第 i 年该农业政策实施所花费的成本;

n——农业政策年限。

当然,只有 I 大于 1 时,政策效率才有意义;I 值越大表明政策效率越高。如果考虑时间的价值,评估公式可表示为:

$$I_C = \sum_{i=1}^{n} \frac{C_i}{(1+r)^i}; \quad I_B = \sum_{i=1}^{n} \frac{B_i}{(1+r)^i}; \quad I = \frac{I_B}{I_C} \qquad (4-5)$$

式中:I_C——总政策成本现值;

I_B——总政策效率现值;

r——社会贴现率。

一般来说,只有当总政策效率现值大于总政策成本现值时,该项农业政策才有意义。成本收益分析的具体步骤如下:① 选择和确定衡量成本与收益的边界,并由此出发进行评估分析。由于评估的角度不同,其评估的边界也就有所不同。我们通常是从国家、集体和个人三个角度来衡量政策的成本与收益。因此,从不同角度确定的边界和评估结论是不一样的。② 确定政策所获得的收益量和所花费的成本量。③ 将确定的成本与收益的计量单位统一成货币,即成本、收益的价值比或货币化。④ 将统一量化的成本与收益进行比较分析,得出政策效率评估结论。

成本收益分析必须具备一定的条件:① 政策的影响与影响的范围是可知的;② 政策已经实施,而且净影响显著;③ 政策实施有单独的经费;④ 政策利益可以货币化。没有以上条件,成本收益分析很难完成。

2. 成本效能分析

成本效能分析适用于政策效率不能货币化的评估,通常用于非经济性的社会政策。它主要是分析、评估一项政策在实现既定目标过程中产生的功效,以及由此需要投入的成本。分析中也需要度量政策的成本与效益,成本可以用货币、价值来表示,但政策的效能不必货币化。通过成本效能分析,可以比较各种政策的成效,为进一步决策提供依据。但是,由于在进行这种分析时,效能与成本的度量单位是不统一的,其评估结论也就不能用一个数值表示出来。因此,如果要具体判断一项政策的优劣,需要把该项政策的成本效能分析结果与具有相似目标的政策的成本效能进行比较,从比较中鉴别优劣。

第4节 农业政策评估的方法

一、农业政策方案评估的方法

农业政策方案评估一般应用试算分析法。

试算分析法,又称标准比较法,是国内外政策方案评估的主要分析工具。它是根据有关定额和政策参数或历史资料,按事前确定的评估标准及其具体指标测算政策方案的影响和效果,并从方案集合中选出最优方案。一般需经过以下几步:

(1)根据研究对象进行定性分析,确定反映该项农业政策的标准和具体指标;

(2)根据指标性质,选定计算方法,选用或推导计算公式;

(3)收集、选择计算过程中所需要的系数、参数和定额;

(4)进行运算,得出指标值,再将各方案的指标进行对比分析,作出择优决策。

试算分析法是在比较分析法的基础上发展起来的一种研究方法。在运用试算分析法进行评估时,要明确试算范围以及试算所包括的期间等;对采用的数据力求准确,并根据生产、经济条件的变化作适当的调整,这样才能保证农业政策方案评估结果的准确性。

二、农业政策实施评估的方法

（一）直接观察法

直接观察法是指评估人员以多种形式直接参与执行过程，进行实地考察，调查、记录实施过程中的状况及主要事件的发生和顺序，记录实施活动的进展情况。

（二）资料分析法

资料分析法是指对已有的有关农业政策实施状况的各种文件资料进行整理分析，以对政策实施状况进行评估。为了掌握政策实施状况的实际情况，指导后续的工作，政策执行机关及其工作人员需要定期或不定期地以各种形式（会议、汇报、总结、报表等）向政策决策者和政策实施机关报告政策实施的进展情况及存在的问题。

（三）访问调查法

访问调查法是指对政策实施机关及其工作人员、政策的各种参与者进行调查。访问调查政策实施人员是收集评估资料的重要途径，把对政策实施人员的调查情况与对政策对象的调查情况加以对比分析，本身就是一种重要的评估形式。访问调查法不仅能够评估已有的政策实施过程，而且通过分析政策实施人员对政策实施的看法和倾向，有助于把握后续政策实施工作的方向，并确定政策实施工作的调整措施。

当然，农业政策实施评估的这三种方法是从不同方面对实施情况作出判断的。全面地进行政策评估，应把这三种方法加以综合运用、相互补充，以期得出客观、全面的评估结论。

三、农业政策效果评估的方法

农业政策效果评估内容复杂，所用方法应力求全面、科学。政策效果评估所运用的方法有定性评估方法和定量评估方法两大类。

（一）农业政策效果的定性评估方法

农业政策效果的定性评估方法，是指通过不同的评估主体对政策所带来的影响和取得的效果进行正确的评定与判断。

1. 农业政策对象评估法

农业政策对象是政策效果的直接体验者,农业政策对象评估法就是由政策对象通过亲身感受对政策进行评估与分析。农业政策对象评估法比较直接、实际,有说服力,但政策对象所处位置决定了他们不可能对政策效果进行全面、准确、系统的评估。

2. 专家评估法

这种方法是由专家来判断政策效果。专家们通过审定各项关于农业政策的记录、考察政策的实施、对政策对象和政策实施机关及工作人员进行访问,最后提出评估意见。其中应用较广泛的是专家意见收集评估法。步骤如下:

(1) 选定专家小组。专家人数根据所评估农业政策的具体情况而定,所选定的专家应是该领域或其他有关领域中的专业人士,并且在各有关领域的分布应当合理,这样才能处理涉及不同领域的政策问题。在评估分析中,不公布这些专家的姓名等资料。他们彼此独立,相互之间的联系和交流都是通过协调者来进行的。

(2) 第一次征询。把有关农业政策评估项目的函询调查表发给专家小组的各位成员,请他们就所要评估的项目作出明确的回答。收到答复之后,汇总和整理征求意见的结果。

(3) 第二次征询。通报第一次征询结果,把有关信息反馈给专家小组成员,第二次征询意见。具体项目由组织者按当时情况来定。比如可以要求各位专家进一步就某些分歧较大的问题发表意见,也可以要求专家就某些方面发表更深入、更广泛的意见等,收到专家的答复后,再次进行汇总和整理。

根据以上两次汇总和整理的结果确定该项农业政策的评估结果。

3. 农业政策实施者评估法

该方法是指在农业政策实施过程中,由实施人员自行对政策的影响和政策目标的实现程度及进展情况进行估计、判断。政策实施者的自行评估,能够充分利用农业政策实施过程的实际情况和材料,对政策效果进行及时的、充分的评估。然而,由于政策实施与政策评估为同一行为主体,因此,对农业政策产生的影响与效果难以作出客观与全面的评估。

（二）农业政策效果的定量评估方法

1. 综合评价法

综合评价法是对某一农业政策的多项指标进行综合评分的量化方法，即将各个评价项目的具体指标进行加权，用一个数字来表示农业政策效果的状况，从而可以从总体上概括评价农业政策效果的好坏。

综合评价法是综合比较法的发展，其区别在于前者除了对各项指标进行评分外，还根据指标的相对重要性给予权数。权数是揭示各个指标的相对重要程度的定量表示。

采用综合评价法，能将质量指标如政策的回应程度、政策的效能等加以量化，便于体现各政策方案中同一指标的差异性，解决同一政策方案中各指标数值不便综合的困难。对政策指标数值加权，体现了不同指标在农业政策评价中的地位、作用以及在不同时间、地点条件下所追求的政策效益的重要方面。

综合评价法可以用下列公式表示：

$$\sum W_I P_I = W_1 P_1 + W_2 P_2 + \cdots + W P_i$$

式中：$\sum W_I P_I$——某一政策方案的总分；

$W_1, W_2, W_3, \cdots, W_i$——各个评价项目的权重；

$P_1, P_2, P_3, \cdots, P_i$——各个评价项目的分数。

综合评价法的步骤如下：

（1）正确选定评价指标。任何一项农业政策都有很多具体指标，应选择对整个方案目标影响比较大的评价指标，进行综合评分。

（2）确定各项指标的评分标准。一般可按五级评分，即5分为最优，1分为最差。各个项目可以根据历史资料或经验资料并参考具体条件进行分级。

（3）确定各项评价指标的权重。由于各项指标在整个方案中所处地位和重要程度不完全相同，因此，应根据评价指标的重要性和当地具体条件合理确定各项指标的权重。一般用百分数表示，总和为1。比如，一个人多地少的地区，需要尽快提高单产，相对来说，产量的权重便较大。

（4）编制综合评分分析表，累加各方案的总分，进行比较评价。

在运用综合评价法时，正确确定评价指标、评分标准是很重要的步骤。评分标准一定要经过调查研究，实事求是地加以确定，力求反映实际情况。同时，确定各指标的权重时,需参阅有关资料,并经集体研究确定,以提高综合评价法的科学性和可靠性。

综合评价法实质上是定性分析基础上的量化方法。它比定性分析简明、直观、实用,是农业政策评估的一种理想方法。

2. 双重差分法

近年来,双重差分法(Difference-in-Difference,DID)被广泛用于政策实施效果的定量评估。通常大范围的政策实施,难以保证对于政策实施组和对照组在样本分配上的完全随机。非随机分配政策实施组和对照组的试验称为自然试验。在自然试验中不同组间样本在政策实施前可能存在事前差异,仅通过单一前后对比或横向对比的分析方法会忽略这种差异,从而造成对政策实施效果的有偏估计。通过双重差分法建模可以有效控制研究对象间的事前差异,并将政策影响的真正结果有效分离出来。

双重差分法的原理是:将样本分为两组,一组为受到政策影响的干预组,另一组为未受到政策影响的对照组,并且在政策实施前,干预组和对照组的变量没有显著差异,就可以将对照组在政策实施前后变量的变化看作干预组没有受到政策实施影响时的状况。通过比较干预组变量的变化和对照组变量的变化,可以得到政策实施的实际效果。

当然,在使用双重差分法前,要确保数据满足三个假设,否则将造成估计偏差。一是干预组的设立对对照组的相关研究变量不产生任何影响。二是政策实施期间,宏观环境对干预组和对照组的影响相同。三是干预组和对照组的某些重要特征分布稳定,不随时间而发生变化。

3. 合成控制法

合成控制法(Synthetic Control Method)是美国学者 Alberto Abadie 于 2003 年提出的一种新的政策评估方法。其基本思路是:选取合适的基础变量及其主要影响变量,通过对照组各样本的基础变量赋予不同权重,拟合一个与实验组样本相近的"反事实"合成组,再比较政策实施后实验组与合成组之间的差异来评估政策效果。

合成控制法的适用场景类似于双重差分法,相当于从某一时刻起一项政策影响了干预组,但对对照组个体没有产生影响,即事前两组个体均没有受到政策的影响,而事后只有干预组个体受到政策影响。与双重差分法适用场景不同的地方在于合成控制法中干预组只有一个个体,往往是一个城市、地区或国家。此外,合成控制法的对照组并不来自研究者的主观臆断,而是使用数学方法的加权组合,避免了研究者主观选择对照组的缺陷,因此与双重差分法相比,合成控制法更严谨。

合成控制法虽然较好地规避了传统评估方法的缺陷,但是在实际应用中也存在着一些不足之处:一是合成控制法更适合对宏观总量数据进行评估,但是对使用微观数据集的项目评估起来则较为困难。二是合成控制法的使用前提是,在政策干预前对照组的结果变量能较好地拟合干预组结果变量的发展趋势,否则合成控制法将难以适用。尤其在干预组的结果变量大于或者小于所有对照组的结果变量的情况下,对照组的结果变量根本无法拟合干预组的结果变量。合成控制法在此类场景中是完全不适用的。

第5节 农业政策的调整

农业政策从制定、实施、评估进而到调整,是政策运行过程的一般规律。农业政策调整的实质是:根据新的认识和发展变化了的情况,废止、修正已不适应新情况的政策,或制定新的农业政策。

一、农业政策制定主体的转换

从层次上看,农业政策主体可以是最高级的领导机关,即中央农业政策制定者;可以是地方领导机关,即地方农业政策制定者;具体到一定业务领域,可以是中央的有关职能部门,即中央部门农业政策制定者;可以是地方有关职能部门,即地方部门农业政策制定者。由于上述四类农业政策制定者具有各自施加影响的范围和系统,因此,它们所制定政策的效力范围是各不相同的。

在整个农业政策制定者体系中,中央农业政策制定者处于领导和支配地位,地方农业政策制定者、中央部门农业政策制定者和地方部门农业政策制定者要服从于中央农业政策制定者。如果后三个政策制定者所制定的农业政策与中央农业政策相抵触,即属于无效政策。

由于中央农业政策制定者所制定的农业政策,主要是决定和解决重大战略性问题和原则性问题,所以在许多情况下,具体执行起来还需要其他三种主体结合各自的特点和情况,进一步作出具体的和量化的规定。这种在服从中央农业政策的前提下,由地方农业政策制定者、中央部门农业政策制定者和地方部门农业政策制定者对中央农业政策具体化的过程,就是农业政策制定主体发生转换的过程。当然,这种主体转换并非一种单向性转换,而是一个可逆的转换过程。它既可以是层次低的农业政策制定者,对层次高的农业政策制定者所制定的农业政策的具体化,也可以是层次高的农业政策制定者,对层次低的农业政策制定者所制定的农业政策的战略化和原则化。

就层次低的农业政策制定者,对层次高的农业政策制定者所制定的农业政策的具体化这一主体转换过程而言,它应该尽可能地与被具体化的农业政策保持一致,即使出现某种偏差,也应该是为层次高的农业政策所允许的。也就是说,在这种主体转换过程中,要以"尽量控制偏差范围"为准则。在这种转换过程中,需要领会上级文件精神,根据本地区、本部门的实际情况和特点制定出具体方案。

就层次高的农业政策制定者,对层次低的农业政策制定者所制定的农业政策的战略化和原则化这一主体转换过程而言,这种转换要以"不盲动但主动"为准则。即首先在科学评价小范围实施的农业政策效果的基础上,通过对比分析,确定其在更大范围的适用程度。

二、农业政策适用范围及系统的调整

农业政策按其适用范围和系统可划分为全局性农业政策和局部性农业政策两大类。全局性农业政策,是指农业政策制定主体制定的,在它能够施加影响的全部范围和系统内普遍适用的农业政策;局部性农业政策,是指农业政策制定主体制定的,在它能够施加影响的特定范围和系统内适用的农业政策。全局性农业政策与局部性农业政策具有不同的适用范围和系统,因此对它们的调整以及两类政策适用范围和系统的相互转换,必须按不同情况,采用不同的原则和程序。

就全局性农业政策的调整而言,它的适用范围几乎覆盖了农业活动的全部空间,因此在调整时需要特别强调慎重与协调的原则。也就是说,对全局性农业政策的调整,必须顾及整个农业活动链条中的方方面面,以及受全局性农业政策影响的各个局部性农业政策的方方面面,特别是要顾及它们之间的协同关系。在具体调整时,首先需要对农业政策作全面、深刻的分析和评估;然后在分析和评估的基础上慎重确定调整的范围和幅度,以尽量减少可能带来的震荡和损失。

在一定的条件下,全局性农业政策与局部性农业政策是可以相互转换的。因为在农业政策制定主体一定的条件下,两种政策适用的范围和系统同是农业政策制定主体能够施加影响的范围和系统。或者说,同一农业政策制定主体制定的全局性农业政策与局部性农业政策,存在相互转换的可能性。全局性农业政策与局部性农业政策相互转换的实质在于其适用范围和系统的扩大或缩小、增加或减少。全局性农业政策与局部性农业政策的这种转换,事实上也是对农业政策进行的某种调整。

三、农业政策实施方法的调整

农业政策按其实施方法的性质及约束程度不同可划分为指令性农业政策和指导性农业政策两大类。指令性农业政策具有强制性和命令性的特征,而指导性农业政策则具有较大的灵活性与变通性。两类农业政策的实施方法具有明显不同的特征,因此对它们的调整应该采取不同的原则和程序。

就指令性农业政策的调整而言,在调整时应强调自然适用的原则,即当关键环节上的问题得到解决,关键步骤得以完成时,就自然解除农业政策的强制性和命令性禁锢;当关键环节上的问题还远未解决,关键步骤还远未完成时,则不可轻率解除禁锢。至于在什么时间和什么范围解除以及解除到什么程度,要由发布指令性农业政策的主体根据发展变化的情况和禁锢的条件,具体、及时地加以调整。

就指导性农业政策的调整而言,在调整时应强调适度规范的原则,即对灵活的程度和变通的范围给予明确的界定。

在一定的条件下,指令性农业政策与指导性农业政策之间是可以相互转换的。

四、农业政策形式的调整

农业政策形式按其所需解决问题的发生频率不同,可划分为常规性农业政策和非常规性农业政策两大类。常规性农业政策是指针对经常的、大量的、反复出现的问题而制定的农业政策,而非常规性农业政策则是指针对偶然出现的问题而制定的农业政策。因此,农业政策形式的调整包括对常规性农业政策的调整和对非常规性农业政策的调整两个基本类型。

就常规性农业政策的调整而言,应该在充分论证、分析新问题发生的原因、范围、程度、环境等基础上,根据变化的情况,有针对性地加以调整。

就非常规性农业政策的调整而言,有待决策的问题往往具有很大程度的探索性甚至不确定性,因此相对于常规性农业政策调整,既需要另辟蹊径,又不能好高骛远。要对情况的不确定性以及实施政策规定可能招致的风险给予足够的重视,并采取必要的预防措施。

常规性农业政策与非常规性农业政策既有区别,又相互联系。常规性农业政策往往是由非常规性农业政策发展而来的。

💬 复习思考题

1. 简述农业政策评估的原则。

2. 简述农业政策评估的标准。

3. 简述农业政策评估的内容。

4. 农业政策调整的实质是什么?

下篇

农业政策各论

第 5 章　农业土地政策

本章学习目标

1. 掌握农业土地政策的相关概念,我国农业土地政策目标,以及农业土地政策的演进。

2. 掌握我国农业土地所有与承包经营政策,农业土地经营权流转政策的重要意义。

导读

　　我国改革从农村率先突破,而农村改革是由土地改革开始的。1978 年年底安徽有名的穷县——凤阳县梨园公社小岗生产队的 18 户农民冒着挨批、挨斗、坐牢的风险,以按手印签"生死状"的形式,分田到户,实行包干。这种大包干实行"保证国家的,留够集体的,剩下都是自己的"分配方式,深受农民欢迎,打响了中国家庭联产承包责任制改革战役,最终演变为国家主导的强制性制度变迁,逐渐向全国普遍推广。事实上,党中央、国务院在 1982 至 1986 年间连续发布的"一号文件"以及 2004 至 2023 年间连续发布的"一号文件"就是对这种制度进行的不断引导和规范。

第 1 节　农业土地政策概述

　　土地是宝贵且稀缺的资源,是人类赖以生存的物质基础。我国是世界上人地矛盾最尖锐的国家之一。研究和完善我国的农业土地政策,高效利用农业土地,是农业政策学的重要组成部分。

一、农业土地政策及其相关概念

(一) 农业土地的概念

土地是一种自然经济综合体,包括自然特性和经济特性,具有可满足人类生产、生活等方面需求的功能。土地分为三类,即农业土地、建设用地和未利用地。农业土地有狭义和广义之分。狭义的农业土地仅指耕地;广义的农业土地是指直接用于农业生产的土地,除耕地之外还包括园地、林地、牧草地、其他农用地(包括畜禽饲养地、设施农业用地、农村道路、坑塘水面、养殖水面、可调整养殖水面、农田水利用地、田坎、晒谷场等)。《中华人民共和国土地管理法》(简称《土地管理法》)将农业土地界定为:直接用于农业生产的土地,包括耕地、林地、草地、农田水利用地、养殖水面等。

(二) 农业土地政策的概念

农业土地政策的概念有狭义和广义之分。狭义的农业土地政策是指国家和政党直接制定、以农业土地政策名义发布的所有政策,以及直接或间接制定的用以调整人地关系的一切土地政策;广义的农业土地政策是指包括土地法律、法规与规章在内的与农业土地有关的一切政策。本章的研究对象是广义的农业土地政策。

综合起来看,农业土地政策的概念可界定为:国家和政党等政治经济实体为了实现一定历史时期的农业土地管理任务和土地利用目标,围绕着特定的经济社会利益而规定的用以调整人地关系的一系列准则、方针与指南的总和。

二、农业土地政策目标

农业土地政策目标是指农业土地政策所要实现的一种理想状态,这种理想状态即提高农民乃至全社会的福利。由于不同国家或一个国家的不同时期自然、经济和政治环境不同,土地政策制定者的理论认知、价值取向等差异,土地政策目标选择存在明显差异,这种差异主要体现在土地所有、流转、使用中的公平与效率目标的安排上。

(一) 农业土地政策目标的特点

农业土地政策目标一般包括:土地资源的最优配置、土地资源的保护和利用、土地资源的平均分配及荒地的开发和利用等。不同国家(地区)在不同历史时期其农业土地政策目标侧重点不同。各国(地区)农业土地政策目标具有一定的特点:首先,追求土地资源分配的公平性;其次,追求土地资源的配置效率最大化;最后,加强对土地资源的保护和利用。

(二) 我国农业土地政策目标

1. 实现效率与公平的统一

我国农业土地使用制度改革后,农民真正成为土地的主人,最大意义上的公平已经实现,如何实现效率目标成为农业土地政策面临的最大问题。

(1) 提高土地利用率。土地政策的效率目标首先表现为能够充分利用可利用的土地资源,避免土地的浪费。

(2) 提高土地生产率。任何一个国家在农业生产中,都希望"地尽其力",从单位投入中获得最大的产出,提高生产者的收入,满足经济发展对农业提出的要求。中国人多地少,耕地资源尤其短缺,提高土地生产率在土地政策目标中占有重要地位。通过土地资源的有效配置,鼓励农户对土地进行投入,采用先进的生产技术和管理方式,提高单位土地面积的产量,是我国土地政策的重要目标。

(3) 提高劳动生产率。在土地利用过程中,劳动生产率的高低,能够反映土地经营规模的大小和农业劳动力转移的状况。劳动生产率的提高又是农业劳动力向非农产业转移、人地关系改善、土地经营规模扩大的前提条件。因此,这一目标在农业土地政策中也具有重要意义。

2. 赋予农民长期而稳定的土地使用权,保障农产品供给

我国是人口大国,通过进口满足众多人口对农产品的需求是不现实的,因此,保证农产品的基本供给能力,提高农产品自给率,才能满足众多人口对农产品的需求。要保障农产品供给,使农民具有长期而稳定的土地使用权至关重要。这将有助于提高农民增加农产品供给的积极性,提高土地资源的利用率。保证农民长期而稳定的土地使用权,既是我国土地政策目标的重要取向,也是保障农产品供给所必需的。为此,党的十五届三中全会通过的《中共中央关于农业和农村工作若干重大问题的决定》,1998年修订的《土地管理法》以及2003年开始施行的《中华人民共和国农村土地承包法》(简称《农村土地承包法》)等都特别强调赋予农民长期而有保障的土地使用权和土地经营期限30年不变等,其

目的正是赋予农民长期而稳定的土地使用权,保障农产品供给。

3. 优化资源配置,扩大土地利用的集约化边界

我国农业的分散式劳作使土地经营粗放,且产出效率低下,难以接受现代农业科学技术的武装。为了摆脱这一瓶颈的制约,必须扩大土地利用的集约化边界。我国几乎所有涉及土地使用制度安排的政策文件都提出,在坚持土地集体所有且不改变其用途和尊重农民意愿的前提下,允许土地使用权依法有偿转让,以优化土地资源的配置,发展规模经营和提高土地的集约化经营水平。显然,我国土地政策的这一目标取向所强调的正是效率优先、兼顾公平。从曾试行过的"两田制"到允许"四荒地"拍卖、土地股份制和股份合作制的推行等就充分体现了效率优先的政策含义。

4. 保护稀缺土地资源,实现土地的可持续利用

我国是人均耕地资源较少的国家之一,加之土地自然供给数量的固定性和无弹性,以及受报酬递减规律的制约,国家特别重视保护现有稀缺土地资源。为了达到土地资源可持续利用的目的,国家出台的一系列重要文件及配套政策均多次重申保护土地资源的紧迫性与执行的严格性。其中,"耕地占一补一"、鼓励"异地开发补充耕地"以及"禁止土地抛荒"等规定更是体现了土地政策所追求的长期公平与效率目标。

农业土地政策目标一般是按照"公平—效率—可持续发展"方向演进。我国现行的土地政策主要体现的是"公平"的目标,同时国家也鼓励土地的适度规模经营,效果较明显。如何实现土地资源的优化配置和可持续利用,应该成为我国今后农业土地政策的首要目标。

三、我国农业土地政策的演进

土地的所有权制度决定生产关系的性质,土地的经营权制度决定土地使用过程中各利益主体之间权利与义务的关系。我国农业土地政策的变迁便是围绕着以所有权和经营权为核心的产权制度展开的。

(一)1949—1952 年"农民个体所有,家庭自主经营"的农业土地政策

中华人民共和国成立后,农业土地政策进行了多次调整与完善。1950 年颁布实施的《中华人民共和国土地改革法》(简称《土地改革法》)明确规定"废

除地主阶级封建剥削的土地所有制,实行农民的土地所有制"。到 1952 年全国基本完成了土地改革,确立了农民的土地所有制,实现"平均地权"和"耕者有其田",大大地促进了农村经济的恢复和发展。通过《土地改革法》的贯彻实施,彻底废除了延续几千年的封建土地私有制。

(二) 1953—1977 年"劳动群众集体所有,集中统一经营"的农业土地政策

土地改革完成以后,小农经济过于分散,生产力较为落后,农民的贫困落后局面一时无法得到根本性的转变。于是,从 1953 年开始在农村开展了互助合作运动。在 1960 年提出的"三级所有,队为基础"的制度,就是土地归公社、大队和生产队三级所有,土地的使用权归生产队,由农民统一使用,劳动报酬按工分分配。至此,农村土地集体所有制关系相对稳定下来。

(三) 1978 年以来"劳动群众集体所有,家庭承包经营"的农业土地政策

1. 1978—1981 年:人民公社制度结束和家庭联产承包责任制逐步确立时期

党的十一届三中全会后,为加快农业和农村经济的发展,中共中央提出了《中共中央关于加快农业发展若干问题的决定(草案)》,其基本精神是稳定人民公社体制,内部普遍实行生产责任制和定额计酬制。生产责任制的形式多种多样,大体可分为联产和不联产两类,联产责任制最受欢迎的是包产到户,后来包产到户演变为包干到户。正是包干到户这种人民公社内部的生产责任制导致了人民公社的解体,并由此产生了土地家庭承包经营。

2. 1982—1992 年:家庭联产承包责任制稳定和发展时期

1982—1986 年,我国农村改革史上第一轮 5 个中央"一号文件"出台,初步构建了"土地集体所有,家庭承包经营,长期稳定承包权,鼓励合法流转"的土地制度框架,家庭联产承包责任制在政策层面获得了肯定。1992 年 3 月第七届全国人民代表大会第五次会议召开,强调继续稳定以家庭联产承包为主的责任制,不断完善统分结合的双层经营体制,积极发展农业社会化服务体系,逐步壮大集体经济实力。

3. 1993—1997 年:家庭联产承包责任制稳定和深化发展时期

在此期间,家庭联产承包责任制正式载入宪法。中共中央、国务院在 1993 年 11 月《关于当前农业和农村经济发展的若干政策措施》中提出了在原定的耕

地承包期到期之后,再延长不变 30 年的政策,提倡在承包期内实行"增人不增地,减人不减地"的办法,在坚持土地集体所有和不改变土地用途的前提下,经发包方同意,允许土地使用权依法有偿转让。1995 年,《国务院批转农业部关于稳定和完善土地承包关系意见的通知》中指出,以家庭联产承包为主的责任制和统分结合的双层经营体制,是党在农村的一项基本政策和我国农村经济的一项基本制度,必须保持长期稳定,任何时候都不能动摇。要通过强化农业承包合同管理等一系列措施,使农村的土地承包关系真正得到稳定和完善。

4. 1998—2003 年:家庭联产承包责任制完善和法治化时期

1999 年 3 月通过的《中华人民共和国宪法修正案》载明"农村集体经济组织实行家庭承包经营为基础、统分结合的双层经营体制",标志着以家庭承包经营为基础、统分结合的双层经营体制——农村基本经营制度的法律地位得到了正式确立。2001 年,针对土地使用权流转中存在的违背农民意愿、损害农民利益的问题,中共中央发布《中共中央关于做好农户承包地使用权流转工作的通知》,专门规范农户承包地使用权流转工作。2002 年 8 月通过、2003 年开始施行的《农村土地承包法》,使家庭承包经营制度首次在法律上得到了完整的表述,赋予农民长期而有保障的农村土地承包经营权,并对农村土地承包中的主要法律问题予以阐明,这标志着农村土地承包经营规则已经法治化并趋向具体化。

5. 2004 年以来:家庭联产承包责任制逐渐朝纵深方向发展时期

从 2004 年开始,中国农村改革史上的第二轮中央"一号文件"陆续出台,其改革领域不限于土地承包制度,还包括广大人民关心的农村建设用地制度、土地征用制度等,从而使我国农业土地制度改革逐渐朝纵深方向发展。2021 年中央一号文件指出:坚持农村土地农民集体所有制不动摇,坚持家庭承包经营基础性地位不动摇,有序开展第二轮土地承包到期后再延长 30 年试点,保持农村土地承包关系稳定并长久不变,健全土地经营权流转服务体系。

第 2 节　农业土地所有与承包经营政策

农业土地所有政策是以农业土地所有制度为基础的一系列有关政策的总

称。我国农业基本经营制度是以家庭承包经营为基础、统分结合的双层经营体制，是我国宪法确立的农村集体经济组织的经营体制。"双层经营"包含了两个层次：一是农业土地集体所有；二是家庭承包经营。

一、农业土地集体所有政策

农业土地集体所有权是农业土地所有制在法律上的表现，其主体是具有法人资格的各种集体经济组织，目前主要是乡（镇）、村两级集体经济组织；其内容包括法律意义上的占有、使用、收益和处分四项基本权能。但是在现代土地产权制度中，它一般仅指土地的最终归属权。

土地集体所有制对促进家庭承包经营和农业生产是必不可少的，一些农田水利和其他公共设施的建设，一些产前、产中和产后等环节的服务，以及组织开发性生产等都不是一家一户所能办到的，需要集体统一经营。土地集体所有可以增强生产服务、协调管理、资产积累等功能，其中最重要的是增强对农户的服务功能。因此，需要逐步壮大集体经济实力，不断扩大服务领域，提高服务水平。与此同时，以专业分工和协作为纽带，发展各种形式的专业化服务组织。我国农业土地集体所有制已形成，这一制度背景下形成的土地集体所有的总政策不容动摇。只有坚持这一总政策长期不变，才更有利于合理利用土地，更有利于农村生产力的发展和农民的共同富裕。

二、家庭承包经营政策

家庭承包经营是农业经营体制的基础，是中国农村集体经济组织内部的一个层次，家庭承包经营与集体统一经营是相互依存的统一整体。以家庭承包经营为基础，农村集体组织的综合服务与国家和社会的专业性服务密切结合，构成农业社会化服务体系。通过服务体系连接千家万户，使农户分散的小规模经营与市场紧密地联系起来，促进农业向商品化、专业化、企业化和现代化方向发展。这种以家庭承包经营为基础、统分结合的双层经营体制符合中国农村和农业生产的自身特点，具有广泛的适应性和旺盛的生命力。家庭承包经营是我国农民的一个伟大创举。

家庭承包经营保障了农民的土地权益。家庭承包经营是在坚持土地等生产资料集体所有的前提下,把土地使用权承包给农户,确立了家庭经营的主体地位,赋予了农民充分的生产经营自主权。农民通过承包本集体的农村土地,得到的是对农村土地的使用权,也就是土地承包经营权。农民的土地承包经营权集中体现在农民对所承包的土地有了经营自主权、收益权和土地承包经营权的流转权。

家庭承包经营是解放农村生产力、发展农村经济的有效方式。家庭承包经营多劳多产能够多得,农民得到了实惠,激发了农民生产的积极性,解放和发展了农村生产力,带来农村经济和社会发展的巨大变化。实行家庭承包经营制度以来,粮食和其他农产品大幅增长,由长期短缺到总量大体平衡,丰年有余,农民生活水平显著提高;农民的思想观念发生深刻变化,农村精神文明、民主与法治建设明显进步。我国农村实行家庭承包经营以来取得的巨大成就证明,家庭承包经营是解放农村生产力发展农村经济的有效方式。

稳定和完善以家庭承包经营为基础、统分结合的双层经营体制,关系到农村经济的持续稳定发展。只有农村经济繁荣发展了,才能形成对城市的有效供应;只有农民富裕了,工业产品才有更加旺盛的销售市场,因此,它还关系着国民经济发展的全局。如果农业没有更大的发展,农村经济不能登上新的台阶,我国现代化建设的发展目标就不可能顺利实现。

党的十九大提出,保持土地承包关系稳定并长久不变,第二轮土地承包到期后再延长 30 年。2019 年,《中共中央国务院关于保持土地承包关系稳定并长久不变的意见》进一步指出,第二轮土地承包到期后应坚持延包原则,不得将承包地打乱重分,确保绝大多数农户原有承包地继续保持稳定。现有承包地在第二轮土地承包到期后由农户继续承包,承包期再延长 30 年,以各地第二轮土地承包到期为起点计算。以承包地确权登记颁证为基础,已颁发的土地承包权利证书,在新的承包期继续有效且不变不换,证书记载的承包期限届时作统一变更。继续提倡"增人不增地、减人不减地"。维护进城农户土地承包权益,现阶段不得以退出土地承包权作为农户进城落户的条件。对承包农户进城落户的,引导支持其按照自愿有偿原则依法在本集体经济组织内转让土地承包权或将承包地退还集体经济组织,也可鼓励其多种形式流转承包地经营权。对长期弃耕抛荒承包地的,发包方可以依法采取措施防止和纠正弃耕抛荒行为。

三、土地三权分置政策

2016 年,国务院颁布《关于完善农村土地所有权承包权经营权分置办法的意见》,将农村土地产权中的土地承包经营权进一步划分为承包权和经营权,实行所有权、承包权、经营权分置并行。这一意见的出台具有非常重要的意义,是继家庭联产承包责任制后农村改革的又一重大制度创新。党的十九大报告提出,巩固和完善农村基本经营制度,深化农村土地制度改革,完善承包地三权分置制度。2018 年及 2020 年的中央一号文件再次强调,完善农村承包地三权分置制度,在依法保护集体土地所有权和农户承包权前提下,平等保护土地经营权。具体说,就是在落实农村土地集体所有权的基础上,稳定农村土地承包关系并保持长久不变,在坚持和完善最严格的耕地保护制度前提下,赋予农民对承包地占有、使用、收益以及经营权流转、抵押、担保等权能。

深化农村土地制度改革,完善承包地三权分置制度,对于我国土地产权制度具有重要意义。完善承包地三权分置制度有利于落实农村集体的土地所有权,推动土地资源的规范使用。根据我国相关法律规定,农村土地的所有权归农村集体所有。三权分置政策强调始终坚持农村土地集体所有权的根本地位,通过农村土地集体所有权的有效实施,能够约束不合理的征地行为,保护农户的利益,同时能够确保农村土地的承包者与所有者合理利用土地资源,避免农地非农用行为,从而保护国家整体耕地不受侵害。

完善承包地三权分置制度有利于保障承包农户的土地承包权,促进土地资源的优化配置。农村土地产权主要包括所有权和用益物权两个方面,作为土地所有权主体的农村集体经济组织,其概念自 20 世纪 80 年代土地制度改革之后便逐渐被弱化,现有的《土地管理法》等法律法规对其只给出一个笼统概念,均没有对其进行详细的阐述。因此,产权关系的模糊可能导致对农民承包权的侵害,这也是在土地流转前期农民积极性不高的原因之一。三权分置政策的颁布,稳定了农民的土地承包权,能够提高农民进行土地流转的积极性,从而为农业的适度规模化经营打下了良好的基础,对于土地利用率、农业劳动生产率的提高具有重要的意义。完善承包地三权分置制度有利于保护经营主体的土地经营权,提高其从事农业活动的积极性。在明确提出三权分置之前,农业经营主体的权利并没有得到完全保障。三权分置政策明确规定,在依法保障集体所有权和农户承包权的基础上,平等保护经营主体的合法经营权,并保障经营主体稳定的经营预期。该规定对于发展种植大户、家庭农场、农村经济合作社等多种新型经营主体具有积极的意义。首先,稳定的经营权减少了经营主体投资农业活动时的顾虑,经营主体在进行农业活动时敢于加大各项配套设施的投入,从而促进农业发展方式的升级与农业生产效率的提高;其次,经营权的可抵押性能够为经营主体发展农业引入所需资本,从而间接稳定经营主体的农业生产活动,进而促进农业生产"投入—收益—投入"的良性循环。

第 3 节　农业土地经营权流转政策

一、农业土地经营权流转的概念

农业土地经营权流转是指农业土地承包者按照市场经济规律,以提高土地利用效益为目的,通过出让、租赁、入股等多种方式,对农业土地配置现状进行调整,实现土地资源配置不断优化的一个动态过程。我国法律对农业土地经营权流转概念的界定是:在确定物权属性的土地承包经营权的前提下,在遵循土地所有权归属和农业用途不变的原则下,权利人合法自愿地将土地的占有、使用、收益和处分等权利或部分权利,通过转包、出租、互换、转让、股份合作等方式转移给其他农户或经营者。2014 年中央一号文件赋予了农民对承包地占有、使用、收益、流转及承包经营权抵押、担保等权能。2021 年,农业农村部修订出台《农村土地经营权流转管理办法》,对流转当事人、流转方式、流转合同、流转管理等方面进行了界定。

二、农业土地经营权流转的重要意义

(一) 优化土地资源配置

分散的土地经营制约了农业生产水平的提高,土地承包经营权的流转则可以集中土地,形成适度规模经营,推广农业机械化耕作,充分利用农业劳动力,极大地提高劳动生产率。

(二) 有利于保障粮食和主要农产品供给,维护我国粮食安全

分散的小规模农业使得农户从农业取得的收入有限,导致农民兼业化、农业副业化的趋势显现,甚至出现土地抛荒,制约农业生产发展,造成粮食和主要农产品减产,威胁我国粮食安全。土地承包经营权流转和农业适度规模经营可以极大地提高农民收入,促使职业农民出现,专注于农业生产,保障粮食安全。

(三) 有利于促进农业技术推广应用

由于传统的一家一户拥有的土地太少,技术推广对家庭增收的作用有限,导致农民应用农业科技的积极性不高。而土地承包经营权流转,使农业适度规模化,凸显了农业科技的重要性,提高了农民应用农业科技的积极性。

三、农业土地经营权流转方式的政策规定

(一) 出让

土地使用者按照土地有偿使用的原则,向出让者交纳土地使用权出让金,签订土地使用权出让合同,依法取得一定年限的土地使用权。这种方式目前主要表现为对"四荒地"进行拍卖。还可以采取招标或双方协议的方式,在规定的期限内使土地成为使用者享有较多自主权的资产,可以依法进行再转让、出租、抵押和作价入股。

(二) 互换

互换是指村集体经济组织内部承包土地的承包方为了便于耕种或者适应规模种植的需要,交换自己的承包地,其土地承包经营权也进行相应的交换。最具代表性的为重庆江津模式(建设用地互换)和新疆沙湾模式(耕地互换)。

(三) 租赁

租赁是指农户签订租赁合同,将其所承包的全部或部分农村土地租赁给农业生产大户、农业产业化龙头企业或合作社从事农业生产,土地出租不改变农村土地承包关系,原来承包土地的农户继续按照原有的土地承包合同履行其义务,享受其权利。新参与的土地租赁方按照租赁合同的约定对土地承包方履行按期

支付租金并不得改变农村土地用途的义务。可以采取现金或者实物的方式按年度支付租金。出租方式主要有农业公司租赁型、农业大户租赁型及农村返租倒包型等。

（四）入股

入股是指村集体经济组织的承包户为了发展规模农业，提高农业生产效益，将农村土地承包经营权折算为股权，自愿走农业产业化发展道路，实现农业生产合作，以土地承包权入股组成股份有限公司或者农业生产合作社，实现农业产业化经营。

（五）土地股份合作制

土地股份合作制属于村集体经济组织内部的一种产权制度安排，即在按人口落实农户土地承包经营权的基础上，按照依法、自愿、有偿的原则，以土地股份合作制的形式进行农户土地承包使用权的流转。农户土地承包权转化为股权，农户土地使用权流转给土地股份合作企业经营。扣除相关项目的土地经营收入后，剩余部分按照农户土地股份进行分配。土地股份合作制代表当前农村土地流转模式创新的方向，也是比较普遍的一种农村土地流转模式。

（六）转包

转包是指村集体经济组织内部承包方将其承包经营权的全部或者部分转给同一村集体经济组织内部的其他农户从事农业生产。土地转包不改变原有的农村土地承包关系，原有的土地承包者按照土地承包合同继续履行原有合同的义务，并享有相应权利。转包模式是目前农村土地流转面积最大、比例最高的一种形式。

（七）宅基地换住房，承包地换社保

该方式是指农民以放弃农村宅基地为代价，把农村宅基地置换为城市化、工业化发展用地，进而农户可以在城市里获得一套住房。与此同时，农民自愿放弃农村土地承包权，与市民享受同等的医疗、养老等社会保障。

（八）授权经营

开发未确定使用权的国有土地从事农业生产经营，经县级以上人民政府依法批准确定给开发单位或个人长期使用，就是授权经营。农民集体所有的山地、荒滩等地也可以采用授权经营方式鼓励单位或个人进行合法利用。国家建设所

需对农民集体所有土地实行征用,是所有权的转移,不属于使用权的流转。

第4节 农业土地保护政策

我国《土地管理法》第3条明确规定:十分珍惜、合理利用土地和切实保护耕地是我国的基本国策。各级人民政府应当采取措施,全面规划,严格管理,保护、开发土地资源,制止非法占用土地的行为。

一、农业土地保护政策的重要性

农业土地保护政策是指在一定的社会条件下,国家或政府就耕地特别是基本农田保护所作出的规定。保护农业土地,是农业可持续发展的基础,也是促进社会经济可持续发展的基础。

实行农业土地保护政策是由耕地的重要性所决定的。首先,农业是国民经济的基础,耕地是农业生产的基础,是工业特别是轻工业原料的主要来源。其次,耕地是社会稳定的基础,为农村人口提供了主要生活保障,是城市居民生活资料的主要来源。我国在未来经济发展中,必须采取世界上最严格的耕地保护措施,稳定耕地面积,不断提高耕地质量。

二、基本农田保护政策

我国实行基本农田保护政策。所谓基本农田,是指根据一定时期人口和社会经济发展对农产品的需要,以及土地利用总体规划确立的不得占用的耕地。

(一) 基本农田保护区的范畴

《土地管理法》规定,根据土地利用总体规划,下列耕地应当划入基本农田保护区:经国务院有关主管部门或者县级以上地方人民政府批准确定的粮、棉、油生产基地内的耕地;有良好水利与水土保持设施的耕地,正在实施改造计划及可以改造的中、低产田;蔬菜生产基地;农业科研、教学试验田;国务院规定应当划入基本农田保护区的其他耕地。各省、自治区、直辖市划定的基本农田应当占本行政区域内耕地的80%以上。基本农田保护区以乡(镇)为单位进行划区定界,由县级人民政府土地行政主管部门会同同级农业行政主管部门组织实施。

(二) 相关规定

建设用地需征用基本农田的,必须由国务院批准;各级政府应当采取措施,维护排灌工程设施,改良土壤,提高地力,防止土地荒漠化、盐渍化,防止水土流失和污染土地。非农业建设必须节约使用土地,可以利用荒地的,不得占用耕地;可以利用劣地的,不得占用好地。禁止占用耕地建窑、建坟或者擅自在耕地上建房、挖砂、采石、采矿、取土等。禁止占用基本农田发展林果业和挖塘养鱼。

三、占用耕地补偿政策

非农建设经批准占用耕地的,按照"占多少,垦多少"的原则,由占用耕地的单位负责开垦与所占耕地的数量和质量相当的耕地;没有条件开垦或者开垦的耕地不符合要求的,应当按照省、自治区、直辖市的规定缴纳耕地开垦费,专款用于开垦新的耕地。

省、自治区、直辖市人民政府应当制定开垦耕地计划,监督占用耕地的单位按照计划开垦耕地或者按照计划组织开垦耕地,并进行验收。县级以上人民政府可以要求占用耕地的单位将占用耕地耕作层的土壤用于新开垦耕地、劣质地或者其他耕地的土壤改良。对于违反上述规定,拒不履行土地复垦义务的,由县级以上人民政府土地行政主管部门责令限期改正;逾期不改正的,责令缴纳复垦费,专项用于土地复垦,并可以处以罚款。

省、自治区、直辖市人民政府应当严格执行土地利用总体规划和土地利用年度计划,采取措施,确保本行政区域内耕地总量不减少;耕地总量减少的,由国务院责令在规定期限内组织开垦与所减少耕地的数量与质量相当的耕地,并由国务院土地行政主管部门会同农业行政主管部门验收。个别省、自治区、直辖市确因土地后备资源匮乏,新增建设用地后,新开垦耕地的数量不足以补偿所占用耕地的数量的,必须报经国务院批准减免本行政区域内开垦耕地的数量,进行异地开垦。

四、对农业土地闲置的管理政策

禁止任何单位和个人闲置、荒芜耕地。已经办理审批手续的非农业建设占用耕地,一年内不用而又可以耕种并收获的,应当由原耕种该幅耕地的集体或者个人恢复耕种,也可以由用地单位组织耕种;一年以上未动工建设的,应当按照省、自治区、直辖市的规定缴纳闲置费;连续两年未使用的,经原批准机关批准,由县级以上人民政府无偿收回用地单位的土地使用权;该幅耕地原为农民集体所有的,应当交由原农村集体经济组织恢复耕种;承包经营耕地的单位或者个人连续两年弃耕抛荒的,原发包单位应当终止承包合同,收回发包的耕地。

 复习思考题

1. 什么是农业土地政策?

2. 什么是农业土地政策目标? 简述我国农业土地政策目标。

3. 简述农业土地经营权流转政策的意义。

第 6 章 农村劳动力政策

本章学习目标

1. 掌握农村劳动力的含义,农村劳动力转移政策的内容和目标,农村劳动力就业政策的内容和目标。
2. 了解我国农村劳动力的总体特征和就业状况,农村劳动力转移就业政策的演变,城乡统筹就业制度的政策措施,提升农村劳动力人力资本水平的基本途径。

导读

改革开放以来,农村大量劳动力流入城市,为我国经济快速发展作出了突出贡献。在农村劳动力外出就业过程中,政策起到了怎样的作用?特别是在新型城镇化建设和四化同步发展的背景下,农村劳动力就业政策将发挥怎样的作用?也就是说,如何通过政策设计,提升农村劳动力就业,促进农业转移人口市民化,提升农村劳动力人力资本水平?围绕这些问题,本章就农村劳动力政策目标、农村劳动力就业政策、农村劳动力流动就业中的问题与展望等方面进行阐述。

第1节 农村劳动力政策目标

一、农村劳动力概述

(一) 农村劳动力的相关概念

1. 劳动力的概念

劳动力有广义和狭义之分。广义的劳动力指全部人口。狭义的劳动力则指具有劳动能力的人口。在实际统计中,考虑劳动年龄和劳动能力两个因素的指标有劳动年龄人口和社会劳动力资源总数。二者的关系是:

社会劳动力资源总数=劳动年龄人口+劳动年龄之外实际参加劳动人数-劳动年龄内不可能参加劳动人数

我国法定劳动年龄男性为 16~59 岁,女性为 16~54 岁。必须注意,有的年龄虽在劳动年龄以外,却能顶得上一个劳动力的人,也应当包括在劳动力资源中;因病残而长期不能参加劳动或丧失劳动能力的人不能计算为劳动力。

2. 农村劳动力的概念

农村劳动力是指,乡村人口中年龄在 16 岁以上、经常参加集体经济组织(包括乡镇企业、事业单位)和家庭副业劳务的劳动力。主要包括以下四类:① 从事农、林、牧、渔业,农村工业,建筑业,交通运输业,商业,饮食业等各种生产活动的劳动力,从事采集、捕猎、农民家庭兼营工业等副业生产劳动并从中直接取得实物、现金收入的劳动力。② 从事农村房地产管理、公用事业、居民服务和咨询服务业,卫生、体育和社会福利事业,教育、文化艺术和广播电视业,科学研究和综合技术服务业,金融、保险业,以及乡镇经济组织(政务)管理等项工作,并取得实物、现金收入的劳动力。③ 国家向乡村调用的建勤民工,由集体经费支付工资或补贴的乡村脱产干部,到全民所有制单位或城镇集体所有制单位工作,并取得实物、现金收入的合同工、临时工。④ 自行外出就业但没有转走户口的劳动力。年龄在 16 岁以上的在校学生和由国家支付工资的职工,不统计为农村劳动力。

为了反映劳动力的强弱,农村劳动力可以分为整劳动力和半劳动力。整劳动力是指 18~50 岁的男劳动力、18~45 岁的女劳动力;半劳动力是指 51~59 岁的男劳动力、46~54 岁的女劳动力和 16~17 岁的男女劳动力。农村劳动力的行业划分是按从事的主业划分的,如以农为主(时间相同按收入)、兼营商业的,仍作为农业劳动力。农村劳动力统计与农业普查中的农村从业人员统计主要区别在于:常规农业统计中的农村劳动力从业时间至少要两个月才算,同时一般是以村为填报单位,按户籍册上的人口年龄加以估算,超过或没有达到劳动年龄而从事劳动的有的按半劳动力计算,有的未计算,农业普查中的农村从业人员不受年龄限制,只要从业时间在 10 天以上的人员都包括在内。

3. 农民工及相关概念

(1) 农民工。在我国农民工指户籍仍在农村,在本地从事非农产业或外出从业 6 个月及以上的劳动者。

(2) 本地农民工和外出农民工。本地农民工是指在户籍所在乡镇地域以内从业的农民工。外出农民工是指在户籍所在乡镇地域外从业的农民工。

(3) 新生代农民工和老一代农民工。新生代农民工指 1980 年及以后出生的农民工。老一代农民工指 1980 年以前出生的农民工。

(4) 举家外出。在我国举家外出指农村劳动力及家人离开原居住地,到户籍所在乡镇以外的区域居住。

(二) 农村劳动力的特点

1. 农村劳动力数量较多,但绝对数量和相对数量均开始下降

根据我国城乡划分标准,城镇以外的地区为农村,居住在农村的人口就是农村人口。我国有 5.5 亿农村人口,占我国总人口数的 39%。新中国成立以来,农村人口绝对数量呈现先增加后下降的趋势。从 1949 年到 1995 年期间,农村人口数量逐年增加;从 1996 年开始,农村人口绝对数量逐年下降。此外,农村人口相对数量则一直呈现下降趋势,在 2011 年农村人口数量首次低于城市人口数量。

2. 农村劳动力质量较低

我国农村庞大的人口基数和较高的人口增长率,使得本来就不充足的农村教育资源更加短缺,从而造成了农村劳动力受教育程度较低。根据 2020 年农民工监测调查报告,在全部农民工中,未上过学的占 1%,小学文化程度占 14.7%,初中文化程度占 55.4%,高中文化程度占 16.7%,大专及以上占 12.2%。

大专及以上文化程度农民工所占比重比上年提高 1.1 个百分点。

由此可以看出,近些年我国农村劳动力受教育程度在逐步提高,但是农村中的非义务教育(普通高中、农业学校、职业高中、技术学校等)存在一系列问题,诸如办学经费不足、办学特色不明显、师资不够、学生就业去向不明确等,对农民的成人教育和技术培训重视不够、投入严重不足等,这些都制约了农村劳动力质量的提高。农村劳动力质量不高,反过来又阻碍了农业新技术的应用,阻碍了农业生产力的提高。如此循环往复,束缚着农业、农村和农民自身的发展。

二、农村外出劳动力的基本状况

(一)农民工规模

根据国家统计局抽样调查结果,近年农民工总量呈现增长趋势。其中,增长较快的是本地农民工。2012—2022 年,农民工总量增长了 3 301 万人。其中,本地农民工数量增长了 2 447 万人,年均增速约 2.2%。2022 年,全国农民工总量 29 562 万人,比上年增加 311 万人,增长 1.1%。其中,本地农民工 12 372 万人,比上年增加 293 万人,增长 2.4%;外出农民工 17 190 万人,比上年增加 18 万人,增长 0.1%。年末在城镇居住的进城农民工 13 256 万人。

(二)农民工地区分布

从输出地看,除东北地区农民工人数减少外,其他地区均有所增长。其中,东部地区农民工 10 403 万人,比上年增加 121 万人,增长 1.2%;中部地区 9 852 万人,比上年增加 126 万人,增长 1.3%;西部地区 8 351 万人,比上年增加 103 万人,增长 1.2%;东北地区 956 万人,比上年减少 39 万人,下降 3.9%。从输入地看,流向中部和西部地区的农民工人数增长较快,流向东北地区的农民工减少。

(三)外出农民工流向

在外出农民工中,跨省流动 7 061 万人,比上年减少 69 万人,下降 1.0%;省内流动 10 129 万人,比上年增加 87 万人,增长 0.9%。从输出地看,跨省流动农民工占外出农民工的比重,中部地区为 55.6%,西部地区为 47.5%,东北地区为 31.4%,东部地区为 15.0%。

三、农村劳动力转移政策的目标与内容

(一) 农村劳动力转移政策的目标

中国农村劳动力转移政策目标确定必须紧紧围绕提高农村劳动力的就业水平,提高农业劳动生产率来考虑,即:有序推进农业转移人口市民化,把推进人口城镇化特别是农民工在城镇落户作为城镇化的重要任务;加快改革户籍制度,落实放宽中小城市和小城镇落户条件的政策;加强农民工职业培训、社会保障、权益保护,推动农民工平等享有劳动报酬、子女教育、公共卫生、计划生育、住房租购、文化服务等基本权益,努力实现城镇基本公共服务常住人口全覆盖;高度重视农村留守儿童、留守妇女、留守老人问题,加强生产扶持、社会救助、人文关怀,切实保障他们的基本权益和人身安全。

(二) 农村劳动力转移政策的内容

农村劳动力具有的特殊性,使得政府干预农村劳动力资源配置不仅是十分必要的,而且是十分普遍的现象。但政府干预劳动力配置应以不阻碍劳动力市场正常运行、弥补市场机制的缺陷、纠正市场失灵为限,目的在于维持公平竞争的市场秩序,促进整个社会劳动生产率的提高和劳动力市场的正常发育。农村劳动力转移政策就是政府在一定时期用来干预和调节全社会人力资源配置的措施、方法和制度的统称。制定中国农村劳动力转移政策必须从我国是人口大国、农业大国的现实国情出发。对农业、农村和农民的问题,必须按照新型城镇化的要求,坚持农业现代化、工业化、城镇化与信息化协调发展。而这一切都是建立在农村劳动力资源得到合理开发和利用的基础之上的。

由于农村劳动力资源包括劳动力数量和劳动力质量两个方面,农村劳动力转移政策相应地也可以划分为农村劳动力转移数量政策和农村劳动力转移质量政策两方面。农村劳动力转移数量政策是指用来调控农村劳动力数量规模的措施,如人口政策、生育政策等;农村劳动力转移质量政策是指与提高劳动力体力素质和智力素质有关的政策,如农村卫生医疗政策、农村教育政策、技术培训制度等。根据人力资本形成或积累的途径不同,还可以将其划分为改善劳动力体质的政策、提高劳动者智力的政策、鼓励劳动力掌握更多知识和技能的政策、人口和劳动力国内流动政策以及国际移民政策等。

从我国的现实来看,由于我国农村劳动力人数在下降,人口红利在逐步消失,提高农村劳动力人力资本、实现劳动力的充分就业必然成为我国农村劳动力转移政策的基本内容之一。在大量农村劳动力流向城市后,如何提高农业生产人员的人力资本水平,提高农业劳动生产效率,进而达到世界先进水平,也是农村劳动力转移政策的基本内容。

第 2 节 农村劳动力就业政策

一、我国农村劳动力状况

根据第七次全国人口普查数据,与第六次全国人口普查相比,全国总人口约增加 7 205 万人,增长 5.38%;城镇人口约增加 2 364 万人,乡村人口约减少 1 644 万人,城镇人口比重上升 14.21 个百分点。

(一)乡村人口中第一产业就业情况

从 1990 年到 1997 年,乡村就业人员数量逐年增加,1998 年后乡村就业人员数量逐年下降。但第一产业人员所占比重则呈现波动式下降的趋势。从 1990 年到 1996 年第一产业人员所占比重逐渐下降,从 1997 年到 2003 年则有所回升,但从 2004 年起第一产业人员所占比重则又逐渐下降。2021 年全国第一产业就业人员 17 072 万人,占乡村就业人员数比重为 61.24%,比上年下降 0.29 个百分点。

(二)乡村人口中从事非农产业就业情况

在乡村中存在大量兼业情况,一年中从事非农时间累计超过 6 个月的乡村人口则被认为是农民工。根据国家统计局近些年来的农民工监测调查报告,乡村人口中从事非农产业就业呈现如下特点:

1. 在第三产业就业的农民工比重继续提高

2017—2022 年,从事第二产业的农民工比重逐渐降低,从事第三产业的农民工比重逐渐提升。2022 年从事第三产业的农民工比重为 51.7%,比上年提高 0.8 个百分点。其中,从事批发和零售业的农民工比重为 12.5%,比上年提高 0.4 个百分点;从事住宿和餐饮业的农民工比重为 6.1%,比上年下降 0.3 个百分点。

2. 各行业收入增速不均衡

分行业看,农民工就业集中的主要行业月均收入继续增长。其中,住宿和餐饮业增速较快,2022 年从事住宿和餐饮业农民工月均收入 3 824 元,比上年增加 186 元,增长 5.1%;增速较慢的行业是交通运输仓储和邮政业,农民工月均收入 5 301 元,比上年增加 150 元,增长 2.9%。其他行业中,农民工月均收入比上年增长情况为:制造业 4.1%;建筑业 4.2%;批发和零售业 4.8%;居民服务、修理和其他服务业 4.4%。

二、农村劳动力就业政策的内容及目标

(一) 农村劳动力就业政策的内容

农村劳动力就业政策,是指一个国家的政府根据自身的政治经济制度,从农村劳动力供求和社会经济发展目标出发,制定的一系列对农村劳动力就业状况进行指导、管理和规范的制度、法规和具体措施。农村劳动力就业政策是国家就业政策的重要组成部分,一方面,农村就业对整个社会的就业水平发挥着蓄水池的作用;另一方面,农村大量的劳动力能否充分就业,对城镇就业乃至全国就业状况都有直接影响。

长期以来,中国的就业政策具有明显的二元特征,即对城市劳动力的就业主要采取国家统一安置的政策,具体表现在对城市劳动者从就业到劳动保险以及职业培训等都由国家统一负责安排;对农村劳动力就业则采取由集体经济组织自身安排的政策。农村集体经济发展整体水平较低且各地存在显著的差异,因而农民在就业中通常不能享受到劳动保险、职业培训等待遇,即使在一些农村集体经济发展水平较高的地区,农民所获得的就业待遇一般也都低于本地区的城镇居民。

(二) 农村劳动力就业政策的目标

农村劳动力就业政策的目标为:实现充分就业,即提高劳动力的利用水平;讲求就业的经济效益,即提高劳动生产率。

农村劳动力就业政策经历了一系列的变化。1984 年中央一号文件提出允许农民自理口粮到集镇落户务工经商、办服务业。到 20 世纪 90 年代后期,国家户籍制度进行改革,进一步放宽了农民进城的限制,在一些经济条件较好的地

区,农民进城已经变得越来越容易了。2006年,《国务院关于解决农民工问题的若干意见》进一步破除了部分制约农民工在城市工作生活的阻碍。党的十九大提出以城市群为主体构建大、中、小城市和小城镇协调发展的城镇格局,加快农业转移人口市民化。《中华人民共和国国民经济和社会发展第十四个五年规划和2035年远景目标纲要》提出要坚持存量优先、带动增量,统筹推进户籍制度改革和城镇基本公共服务常住人口全覆盖,健全农业转移人口市民化的配套政策体系,加快推动农业转移人口全面融入城市。

三、农村劳动力转移就业政策

(一)改革开放以来农村劳动力转移就业政策的演变

改革开放以来,伴随着农村劳动力在农村的劳动就业以及跨区域流动就业行为的变化,政府在不同时期表现出了不同的态度。相应地,各个时期的政策取向和措施也表现出了较大的差异。

改革开放初期,政府沿用了改革开放前对人口进行流动管制的基本思路,倾向于对农村劳动力外出就业行为进行控制,即采用一系列政策鼓励农民在农村进行农业生产劳动,对外出就业的农民则进行限制。

随后,当大量农民工开始有意识地流动到城镇或乡镇企业就业时,政府采取了既鼓励又控制的政策措施:一方面,鼓励大量的农村劳动力到乡镇的非农产业就业;另一方面,对农民到城市流动就业制定了诸多限制条件,尤其加强了农村劳动力向城市流动人口数量的控制以及相应的就业管理措施。

其后,政府开始意识到农村劳动力到城镇就业对城镇乃至全社会经济发展具有重要贡献,劳动力由农村向城镇流动现象也逐步成为在全社会范围内进行劳动力资源配置的重要表现。在这一时期,政府较以往更重视对农村劳动力到城镇流动就业行为的合理引导。

近年来,政府在对农民工就业权益保障问题上的重视程度较以往更高,政策安排不再是从城市居民的角度出发对农民工的流动就业进行严格的管理控制,而是侧重于为他们的就业提供更好的政策环境。

(二)农村劳动力转移就业政策演变的基本规律

第一,尽管各个时期政府的具体政策措施针对当时的社会经济发展状况和就业形势在不断地变化,但是每一个时期的政策都至少在某一个方面沿袭了前一时期的政策导向;农村劳动力的就业决策和流动行为的变化则与政府政策的演进方向基本契合。每一个时期有关农村劳动力就业和流动的政策具体表现在对农村劳动力诸多就业渠道的积极鼓励和消极限制两方面态度的选择上。而每一个时期的政策都在外出流动就业和留守农村就业两个主要方面中的某一方面沿袭上一个时期的政策态度。这是一种渐进式改革的演化路径。

第二,从总体的政策变迁趋势上看,随着时间的推移和改革的深入,政府在对待农村劳动力外出流动就业以及留守农村就业两方面就业渠道的态度上较之以往都显得更为积极。这一规律强调了政府在对待农村劳动力就业行为方面的政策路径表现出基本的市场化取向。这一取向不仅来自政府的市场化总体推动,更重要的则来自农村劳动力就业行为的创新和就业渠道的扩展最终被社会乃至权威政府的认可。当农村劳动力的外出流动就业所获得的实际收益与留守农村就业所获得的实际收益之差大于政府限制外出流动就业给农村劳动力带来的就业机会成本时,农村劳动力倾向于外出流动就业,这将使得政府在政策层面进行回应,并可能产生制度创新。在演进博弈中,政府不断地调整政策态度并朝积极鼓励农村劳动力外出流动就业的方向发展。

第三,改革开放以来不断进行着的政策制度创新。首先是一种自下而上的过程,创新的强大动力首先来自农村劳动力。从动态演进的角度看,政策反应滞后于农村劳动力就业行为,但政策制度的演进与农村劳动力就业决策行为相呼应。政府的政策决定仍然取决于对农村劳动力就业行为所能产生的政治经济收益和成本的综合判断。当政府采取"鼓励"流动就业策略所付出的成本小于采取限制策略所付出的成本与因政府与农村劳动力就业行为倾向不一致给政府带来的损失之差时,政府将会选择积极鼓励农村劳动力流动就业的政策,反之则不鼓励。

第四,农村劳动力的流动就业行为仍然处于积极的探索阶段,政府面对农村劳动力的流动就业行为也将表现出更加积极的态度。在未来发展的较长时期内,流动就业与留守农村就业所获得的收入差距有可能不断缩小。从长期发展的趋势上看,倘若政府采取积极鼓励农村劳动力流动就业的政策,同时加大对农业生产的支持,持续提高务农收益,那么此时农村劳动力的就业选择将更注重自身的经济禀赋、外部政策和社会环境。

第3节 农村劳动力流动就业中的问题与展望

一、城乡统筹的就业制度尚未形成

长期以来,我国实行城乡分割的二元社会管理体制,严格划分农业人口和非农业人口,严格控制农村人口迁往城镇,农民及其子女很难获得在城镇就业的机会。这种二元结构阻碍了农村富余劳动力向非农产业和城镇转移,对我国经济社会发展的负面影响越来越明显。改革开放之后,大量的农民开始进城务工。但由于城乡统筹就业机制的缺乏,进城务工农民在职业选择、职业培训、劳动保障等方面无法享受到与城镇居民相同的待遇,从而影响了劳动力在城乡间的合理流动,延缓了城乡一体化劳动力市场的形成。

经过改革开放以来40多年的发展,我国市场化、工业化、城镇化进程不断加快,已经进入了以工促农、以城带乡的新阶段。为适应新阶段的新要求,实现城乡协调发展,应尽快破除制约城乡统筹就业的体制障碍,遵循以下原则积极稳妥地构建城乡统筹就业的新机制:

第一,建立城乡统筹就业服务体系。县以上劳动保障部门应设立公共就业服务机构,并向乡镇和村延伸,形成省、市、县(区)和乡镇四级就业服务的组织体系。以此为依托,推进劳动力市场信息网络建设,完善劳动力供求信息收集、分析和发布制度,加强职业教育和培训体系建设。

第二,建立科学的资金保障机制。为夯实城乡统筹就业的经济基础,可以从三个途径拓宽其资金来源:一是财政预算安排,各级财政应增加相关的资金安排,并列入年度财政预算。二是从土地流转收益和村镇集体经济分红中筹措资金。三是调整农村扶贫资金等的使用方向,将一部分资金用于农村富余劳动力的技能培训和组织输出。

第三,推进相关制度创新。一是深化户籍制度改革,取消限制农民进城务工的不合理规定。二是推进土地制度创新。建立有利于城镇发展和农民向城镇转移的土地制度,积极探索符合各地实际的土地流转形式,规范发展土地使用权交易市场。

第四,加大劳动保障监察力度。加强对劳动力市场和劳务中介组织的监管,认真清理整顿劳动力市场,依法严惩侵害农民工权益的行为。同时,加大劳动监察部门的执法力度,督促用工单位与农民工依法签订并严格履行劳动合同。

二、农业转移人口就业培训体系薄弱

党的十六届三中全会指出:改善农村劳动力转移就业的环境。农村剩余劳动力在城乡之间的双向流动就业,是增加农民收入和推进城镇化的重要途径。建立健全农村劳动力的培训机制,推进乡镇企业改革和调整,大力发展县域经济,积极拓展农村就业空间,取消对农民进城就业的限制性规定,为农民创造更多的就业机会。《中共中央国务院关于促进农民增加收入若干政策的意见》也提出加强对农村劳动力职业技能培训的系列政策:要根据市场和企业的要求,按照不同行业、不同工种对就业人员基本技能的要求,安排培训内容。《中华人民共和国国民经济和社会发展第十四个五年规划和 2035 年远景目标纲要》提出统筹城乡就业政策,积极引导农村劳动力就业。要求完善高校毕业生、退役军人、农民工等重点群体就业支持体系。

党中央、国务院在宏观政策层面已经做出了明确的规定,各级政府和教育机构,对农村转移劳动力的再教育和培训工作也取得一定的成绩,但还不能满足经济社会发展对劳动者素质的要求,不能满足农村转移劳动力就业增长的需要。在实际操作的过程中,各地需要进一步细化政策。

三、建立就业培训多方支付制度

首先,要坚持各级财政共同筹措。实行中央财政、省(市、自治区)财政、市财政、县财政四方筹措农村劳动力转移就业培训经费。其次,要从各项涉农支出中列支农村劳动力转移就业培训经费。再次,要从各项涉农收入中列支农村劳动力转移就业培训经费。最后,政府和农民个人在为农村劳动力转移就业培训买单的过程中,要保证资金的使用效率和培训的实际效果,还需要由科学的资金使用制度给予保证,应建立五个制度:一是成本分担制度;二是购买培训制度,由政府统一给农村劳动力发放"转移就业培训卡";三是专款专用制度,"转移就业培训卡"中的经费只能用于转移就业培训,不作他用,更不能兑换或变相兑换成现金;四是专人专用制,每个农村劳动力人手一张"转移就业培训卡",与身份证同时使用,不得转借、转让、转卖他人;五是有期累计制度,农村劳动力手中的"转移就业培训卡"资金可按年消费。

进一步推动农村劳动力向城市转移,是政府的重要责任。各级政府除了应在财政预算中安排一定的农民工培训专项经费外,要组织力量编写农民工培训教材;鼓励各类培训机构主动与劳务市场和用工单位签订合同,大力发展订单培训,对农民工进行定向培训;建议中央尽快建立一批覆盖到乡镇一级的农民工培训基地和及时、方便、准确的劳动力供求市场信息专网,制定并完善外出务工人员的信息反馈制度,减少劳动力流动的盲目性。

四、提升农村劳动力的人力资本水平

目前,中国农村劳动力的开发利用程度较低,使得农村丰富的劳动力资源没有充分发挥人力资源红利的作用。因此,必须立足中国新型城镇化和产业结构转型升级的需要,从优化农村劳动力人力资本的角度出发,加强农村劳动力人力资本的开发利用。

第一,缩小城乡间基础教育差距,大力发展职业教育,提高农村劳动力人力资本水平。在普及九年义务教育基础上,应将财政资金向农村基础教育倾斜,缩小城乡间义务教育水平差距。同时,大力发展职业技术教育、成人教育和各种岗位技术培训,增强农村劳动力的就业技能。针对农村劳动力女性化、老龄化趋势,建立合理的农民教育体系,充分利用信息化成果,开办远程教育网络,加强互联网、电视、广播等多媒体技术手段,普及科研成果,提高农民的科技文化素质。

第二,改善农村人口的医疗保健状况。农村地区医疗水平相对落后,阻碍了农村劳动力的生产效率。政府应培育出一个引导农民改善自身医疗保健状况的经济环境,如提高贫困者收入水平就是改善其医疗保健状况最有效的经济政策,因为贫困者最有可能以改善其健康状况的方式支出其额外的收入。加大对农村地区卫生所等基层医疗卫生机构的资金投入,营造医疗卫生服务更大程度的多样性和更加广泛的竞争制度环境。

第三,培养农村劳动力设立职业目标。随着农民工代际交替,农民工中高中以上学历者比重逐渐提高,高中以上学历的农民工是农民工群体中具有较高层次文化水平的人群,他们更有动力去追求城市的生活方式,也更具有融入新的城市社区的意愿与冲动。推动他们尽早进行自我职业生涯管理,进而有针对性地选择培训项目和所从事行业,有利于其人力资本的积累和提升。

总之,提升农村劳动力的人力资本水平,关键在于提高农民素质。为此应加强职业技能培训、改善农村医疗卫生环境、制定职业规划,这是最根本的途径。

复习思考题

1. 简述劳动力与农村劳动力的概念。
2. 简述农村劳动力的特点。
3. 简述我国农村劳动力转移政策的目标。
4. 试论述如何提高农村劳动力人力资本水平。

第 7 章 农产品市场与流通政策

本章学习目标

1. 掌握限制价格政策和支持价格政策所产生的经济效应,农产品补贴政策的具体运用及其影响,以及限量政策的主要内容及运用。
2. 了解双重价格政策、农产品流通政策的主要目标及内容。

导读

农业是国民经济发展的基础产业,又是兼有自然风险和市场风险的弱势产业。因此,世界各国都针对本国农业的稳定和发展采取了一系列支持措施。如将支农的重点放在农业基础设施建设、农业教育和科研方面,并通过推行休耕、限耕计划,控制耕种面积的方法,改善农业生态环境。在支农方式的选择上,既有直接的收入支持,也有间接的财政政策。此外,还有通过对出口农产品提供补贴、出口信贷和限制部分农产品进口数量的方法,扩大农产品销售市场,保护国内生产者利益。按照市场运行规律,在农产品市场中,农民享有完全的自主权,政府无法对农户的生产决策进行直接干预,而只能依靠政策的引导来调节农产品的供求与流通,因此农产品市场与流通政策在农业政策体系中起到了极为重要的作用,农产品市场与流通政策是整个农业政策的核心部分。

第 1 节　农产品国内价格政策

农产品价格政策分为农产品国内价格政策与农产品国际贸易政策。农产品价格政策是农产品市场与流通政策的重要内容,价格是市场经济的核心。在农产品国内市场中,价格发挥着极其重要的作用。本章仅介绍农产品国内价格政策,农产品国际贸易政策在第 8 章进行详细介绍。本节阐述农产品国内价格政策的背景、农产品国内价格政策的目标、农产品国内价格政策的内容,同时对农产品国内价格政策问题进行分析展望。

一、农产品国内价格政策的背景

在市场经济国家中,农产品价格政策是经济发展的重要部分,也是整个农业政策的核心部分。在我国,价格政策也是农业政策中非常重要的一个组成部分。但是,长期以来我国实行计划经济体制,以直接的行政命令和指令性计划为主导,对农业生产活动和经济行为形成了制约。在旧的高度集中的计划经济体制下,市场发育极不完善,人们不善于运用市场与价格手段来影响农业生产经济过程,并且对市场与价格政策的运用往往相当简单化,大多表现为一些禁令,如限制自由交易、私自长途贩运等。

在 20 世纪 50 年代中期以后一个相当长的时期,我国对粮食等农产品实行了严格的国家垄断和价格控制。改革开放以后,这种垄断和控制逐步松动。20世纪 80 年代中期以后对粮食等实行了计划购销与市场交易并存的“双轨制”,而对水果等产品则完全放开了控制。党的十四大明确提出了建立社会主义市场经济的改革目标。农产品国内价格政策在我国整个农业政策中的地位越来越重要。

二、农产品国内价格政策的目标

各国政府农产品国内价格政策所要实现的主要目标是:保证农民的收入;确保粮食安全;稳定农产品市场,包括稳定农产品供给量和市场价格;保护消费者利益;提高市场营销效率;等等。这些目标能否实现,能够在多大程度上实现以及采取何种措施来实现,是很复杂的问题。在各个单项目标之间存在复杂的关系,现实中为了实现其中的某一单项目标而又不严重损害其他目标,不得不在采取某项措施的同时采取其他配套措施,环环相扣,因此形成了一个极其复杂的系统。

农业政策背景不同,各国政府通过国内价格政策所要实现的政策目标重点也各不相同。发达国家较为注重保护生产者的利益,而发展中国家则较为关注消费者的利益。

三、农产品国内价格政策的内容

(一) 价格管制

1. 支持价格政策

支持价格政策又称为保护价政策。其政策原理是:政府对实行这种措施的农产品规定一个政策价格,如果市场价格高于这个政策价格,则政府对市场活动不加干预;如果市场价格降到这个价格水平,则政府就按这个价格进行收购,从而使得市场价格不会降到这个价格之下。一般来说,支持价格高于市场均衡价格,但有时也可能低于市场均衡价格。实行支持价格的目的在于保证农民收入,稳定农产品市场。

在实施过程中,支持价格政策可以采用两种不同的形式:一是国家直接以高于市场均衡价格的价格进行实物收购,将过剩的供给收购并贮藏于国家的仓库中,市场出清;二是只实行名义所有权的转让,而付费委托私人企业(营销企业或农场)进行实物贮藏。无论哪种形式,一般均对最低质量标准和最低数量做出规定。

支持价格政策的作用效果如图 7-1 所示(以支持价格高于市场均衡价格为例)。在某一农产品市场中,D 为需求曲线,S 为供给曲线,在完全竞争市场两者交于 E 点,E 点所对应的价格 P_e 即为市场均衡价格,E 点所对应的数量 Q_e 即为市场均衡数量。同时假定国际市场的均衡价格同样也是 P_e,该农产品可以按此价格出口或进口。假定政府为了保证农业生产

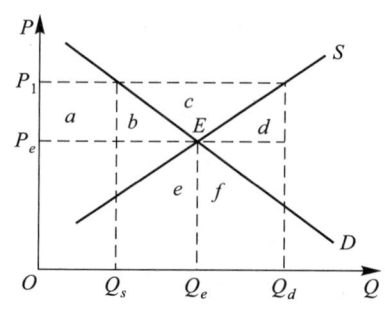

图 7-1　农产品支持价格政策

者的利益而实施支持价格政策,将农产品的市场价格定为 P_1,很明显 $P_1>P_e$,则具体作用效果有以下几点:

(1) 造成结构性过剩。结构性过剩是指非季节性和非偶然性的过剩,是由农业部门的生产能力太大所决定的长期性过剩。过剩数量为供求数量之差即 Q_d-Q_s。

(2) 农民获益。由于农产品的市场价格提高,农民的净收入增加量,即福利净增加 $a+b+c$。就单个农民来说,生产的量越多,获得的净收入增量也就越大,两者呈正向变动关系。

(3) 消费者受到不利影响。表现为支出价格的提高和消费量的减少两个方面,使得消费者的福利净减少 $a+b$。其中,a 是以收入的形式转移给了农业生产者。

(4) 国家要付出财政补贴。如果为了增加食品供应保障而实施支持价格政策,在不考虑储藏费用的情况下,政府将花费 $b+c+d+e+f$ 的财政支出来收购和贮藏过剩的农产品。

因此,从整个经济来看,实行支持价格政策所造成的社会经济福利净损失为 $b+d+e+f$,政府若想减轻财政负担,可以考虑将过剩产品以国际市场均衡价格 P_e 出口,这样政府的财政负担将减轻为 $b+c+d$,而社会经济福利的净损失也将减少为 $b+d$,其中 b 为因政府干预从而使得消费者不能获得消费的最大满足所造成的消费性净损失,d 为因价格提高农民为增加产量从而低效率扩大生产所造成的生产性净损失。

支持价格政策的有效实行要有以下几个前提条件或配套措施:① 必须实施贸易保护措施,隔绝国内外市场,政策好处只为国内生产者所得;② 绝大部分农产品的需求价格弹性很小,甚至近似无弹性;③ 支持价格与出口价格之差不应太大,否则国家财政支出困难。

2. 限制价格政策

限制价格政策即最高限制价格(限价)政策。其政策原理是:政府对实行这种管制措施的农产品规定一个最高价格。其目的是保护消费者的利益。最高限制价格可能高于市场均衡价格,也可能低于市场均衡价格,具体要视一个国家农业生产者与非农业生产者的收入差异以及本国农产品生产情况而定。一般国家尤其是发展中国家农产品的最高限制价格都控制在市场均衡价格之下的水平，而发达国家的最高限价常常高于市场均衡价格。

限制价格政策的各种影响效果借助图 7-2 来加以说明（以限制价格低于市场均衡价格为例）。在某一农产品市场中，D 为需求曲线，S 为供给曲线，在完全竞争市场两者交于 E 点，E 点所对应的价格 P_e 即市场均衡价格，Q_e 即市场均衡数量。同时假定国际市场价格恰好等于完全竞争市场条件下的均衡价格。假定政府为了保护消费者的利益采取了限制价格政策，规定该产品的市场价格不得高于 P_2 销售，很明显，$P_2 < P_e$。在 P_2 的市场价格下，国内该农产品的供给量则由 Q_e 减

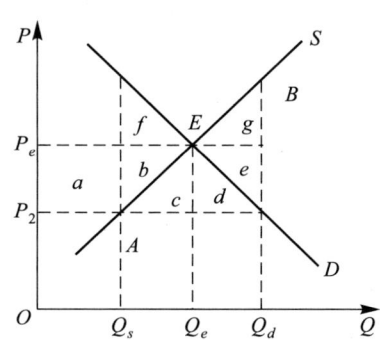

图 7-2　农产品限制价格政策

少到 Q_s，需求量则由 Q_e 增加到 Q_d，市场上出现了 $Q_d - Q_s$ 的供需缺口。相对于需求而言，供给的短缺直接导致市场价格上升的压力产生。为了防止市场价格剧烈波动，政府一般采取以下三种措施来稳定市场。

（1）国家可实行"配给制"以维持其限价政策，强制消费量等于市场供给量 Q_s，即定量配给。其直接后果是消费者的消费价格虽然下降了，但消费需求得不到充分满足，消费者剩余变动为 $a-f$。而农业生产者在低于市场均衡价格的限制价格的影响下，必然将生产量压缩到 Q_s 水平，其收入降为 OP_2AQ_s。与市场均衡点 E 相比，农业生产者直接转移给消费者的收入为 a，净福利损失为 $a+b$。因此，整个社会经济福利减少 $b+f$，其中 b 为因政府干预生产使得资源闲置带来的生产性净损失，f 为因供给短缺使得消费者的消费不能得到满足而造成的消费性净损失。但政策执行的结果往往带来抢购现象和黑市交易。

（2）为了使国内市场供求数量达到平衡，国家也可通过进口农产品来填补国内供给的缺口，即依靠国际市场稳定国内市场。假设进口量为 Q_sQ_d，进口价格为 P_e，农产品进口后以价格 P_2 出售给消费者，则政府的直接财政负担为 $b+c+d+e$；消费者由于消费价格从 P_e 下降为 P_2，消费量从 Q_e 增加到 Q_d，因此消费者受益（效用增加），福利增加了 $a+b+c+d$；农业生产者利益变动与前述情况相同，也是净损失 $a+b$。因此，从整个社会的角度来看，经济福利净减少 $b+e$，其

中 b 为因政府干预生产使得资源闲置带来的生产性净损失, e 为因价格降低消费者过度消费造成的消费性净损失。

(3) 政府可以采取农产品生产和供给的数量控制并配合低价收购来维持其所制定的最高限价,同时可以保证农产品的供给。假定政府设定的生产数量控制目标为 Q_d,收购与销售价格均为 P_2。在这种情况下,农民根据市场价格和实际的边际生产成本虽然只愿意生产 Q_s 的数量,但在政策的强制作用下不得不生产 Q_d 的数量。与自由竞争状态下市场均衡点 E 相比,消费者的消费量扩张到 Q_d,而消费价格却下降为 P_2,因而消费者的净福利增加 $a+b+c+d$。但对生产者来说,在没有数量控制时的生产点为 A,此时,生产者剩余减少 $a+b$,而事实上生产者的生产点为 B 点,在生产者价格为 P_2 的情况下,生产点从 A 点移到 B 点,生产者剩余将进一步减少 $c+d+e+g$,因此,生产数量控制和低价收购的结果是生产者福利减少 $a+b+c+d+e+g$。这样,从整个经济来看,社会福利净减少 $e+g$,其中 e 是过度消费造成的资源消费性净损失, g 为无效率过度生产导致的资源生产性浪费。若政府通过补贴的方式来维持此超过均衡数量的市场供给量,则政府将增加财政开支 $a+b+c+d+e$。在这种情况下,消费者的福利变动与上述相同,而生产者的福利损失将降为 g,因此整个经济的福利损失仍然为 $e+g$,与政府未补贴时的福利效果相同,但部门之间的收入分配发生了变化,消费者福利的增加不再是来源于生产者利益的损失,而是来源于政府的财政补贴。

3. 双重价格政策

双重价格政策是指最低价格与最高价格共同使用的政策。其政策原理是:为生产者制定高于市场均衡水平的最低保证价格,而对消费者则维持较低的最高限制价格,如图 7-3 所示。例如,日本用它来控制小麦和稻米的价格,巴西、尼日利亚、墨西哥用它控制其小麦的生产和消费。

在双重价格政策下,市场需求量增加到 Q_{d3},市场供应量也将增加到 Q_{s1}(当保证价格为 P_1 时)或 Q_{s2}(当保证价格为 P_2 时)。在这种情况下,政府不仅要补贴按 P_1 或 P_2 价格购买 Q_{d3} 农产品的消费者,而且需要将市

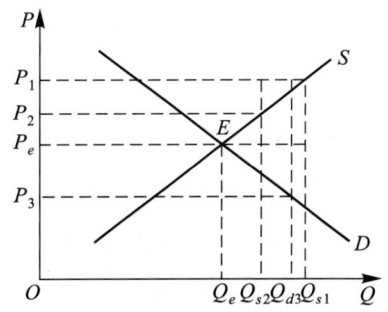

图 7-3　双重价格政策及其经济效应

场过剩的农产品收购(当保证价格为 P_1 时)或以国际市场价格进口市场短缺的产品量 $Q_{d3}Q_{s2}$(当保证价格为 P_2 时)。因此,与单纯实行最高限制价格政策相比,双重价格政策补贴消费者需要更多的政府开支。因为,双重价格中对消费者的补贴仅仅来自政府财政收入,而最高限制价格给消费者的补贴还包含着生产者收入向消费者转移的代价。

此外,在一些农产品过剩国家通常采取的另一种双重价格政策是缓冲库存方案,即政府利用农业丰年储存产品以备在市场价格过高时进行抛售,从而达到平抑价格的目的。为保证缓冲库存方案能够发挥应有的政策效应,首先,要求农产品必须耐储;其次,要求政府在市场价格上涨时有足够的存货可供抛售以便平抑物价。这就要求政府必须为稳定农产品价格建立起数量充裕的收购基金和足够的仓储设施。

(二) 限量政策

限量政策可以划分为对生产要素投入量的限制、对市场供给量的限制和对消费量的限制。这种限量既可能是规定上限,也可能是规定下限。

1. 对生产要素投入量的限制

在农产品过剩的发达国家中,往往对生产要素投入量实行上限限制。对生产要素投入量限制的具体措施有作物转产计划、减少生产面积和休耕计划等。在我国,有些地区对经济作物如烟草、蔬菜和水果的种植面积进行限制。为保证粮、棉、油等产品的种植面积,对粮、棉、油等产品,则往往倾向于规定最低种植面积,实行下限限制。

对生产要素投入量限制政策的具体效应如图 7-4 所示。政府对生产要素投入量实行限制(如实施休耕计划等)后,与原有的市场均衡点 E 水平相比,农产品产量和市场供给量从 Q_e 降为 Q_1,市场价格从 P_e 上升为 P_1。对于生产者来说,生产被压缩了但同时平均收益上升了。因此,生产者剩余变动为 $a-d$,其中 a 是由于价格上升消费者对生产者的收入转移。对于消费者来说,一方面消费压缩,使得消费需求得不到最大的满足;另一方面消费同样数量商品的代价提高了,因此消费者剩余净减少 $a+b$。所以,若政府不采取财政补贴的措施,社会经济福利将净损失 $b+d$;若政府对消费者实行补贴,补贴水平为 P_1-P_e,那么必将增加财政开支 a,此时,生产者福利变动与没有政府补贴时相同,而消费者福利减少只剩下由消费被压缩所造成的消费性福利损失 b 部分,因此整个社会福利的净损失仍然是 $b+d$。由此可见,政府对消费者补贴前后整个社会的经济福利变化相同,所不同的只是前一生产者的收入增加来自消费者,后一生产者的收入增加来自政府财政。

在实际执行这种限制措施时,农户的生产规模越小,数量越多,执行起来难度越大。

2. 对市场供给量的限制

(1)上限限制。在农产品过剩的国家中,一般对农产品市场的供给量实行上限限制,从实施手段来看,一般是间接达到,往往通过限制生产要素投入来减少农产品的产量,从而减少对市场农产品的供给量。对于那些需求弹性很小的农产品来说,对市场供给量实行上限限制还是一种非常有效的提高农民收入的手段。

如果对市场供给量实行上限限制的目的在于使价格保持在一定的水平上(以稳定价格为目标),则必须在需求发生变化时不断地对限额数量 Q_1 进行调整(见图7-4),就是说在需求曲线左移或右移时,限额量必须相应地改变。

从政策效应来看,实施上限限制与对生产要素投入量进行限制的政策效应完全相同。而直接对农产品市场供给量的限制只有当政府能够充当最后的消费者对农产品实行敞开收购时才有效,此时除了有限制生产要

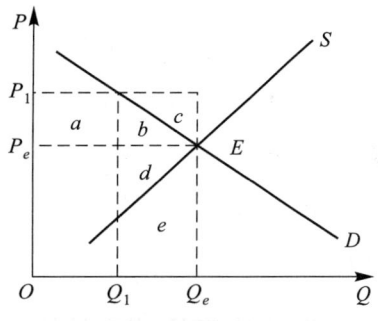

图7-4　对生产要素投入量限制的政策效应

素投入量的政策效应外,政府还必须花费 $b+c+d+e$ 的财政支出以收购农民过剩的农产品(见图7-4),否则过剩的农产品将对农产品市场带来一定的影响和冲击。

(2)下限限制。在农产品供给不足的国家中,一般对市场供给量实行下限限制,目的是保障食品供给和为工业化发展提供必需的农产品供应。在欠发达国家和计划经济国家,这一政策往往与保护消费者利益的最高限价政策结合使用。

3. 对消费量的限制

（1）上限限制。如果对某种农产品的消费量实行上限限制，则其需求曲线在达到了所确定限额之后的部分为一垂直线。食品定量配给制就是对消费量实行上限限制的一个实际例子。食品定量配给制实行于食品供给量小于消费量之时，其政策效应与最高限价政策效应相同。由于食品的需求价格弹性很小，在消费者生理需要未获得满足的情况下更小，甚至为零。如果不实行定量配给则价格将大幅度上升，导致消费者之间食品分配严重不均等化。因此就有必要采取措施，对这些稀缺必需品按人头平均分配，使得收入高低不同者的基本需要都能得到大致相同程度的满足，保障社会的公平。

在食品内含有补贴的情况下，对食品的平均分配也含有平均分配补贴的作用效果。不过这种平均分配补贴却并不一定是公平的，因为这种内含的补贴使得收入高低不同的人都获得同等的补贴。只是与不平均分配的情况相比，不公平的程度要轻一些：如果食品中含有补贴而又不实行配给，则收入高的人消费量多，实际得到的补贴好处也多一些。

（2）下限限制。在农产品过剩和实行贸易保护主义政策的国家中，有时候也对消费者实行下限限制。例如，对饲料加工厂做出规定，在其所购入和使用的谷物原料中，至少应有多少比例为本国生产。不过，严格来说，这种限量只是对中间消费而不是对最终消费的限量。对最终消费者，不存在消费的下限限制措施。

四、农产品国内价格政策问题分析展望

总体来看，市场机制中，价格机制是最核心的机制，价格政策是最核心的政策，价格支持、管理、调控是政府干预经济或实施农产品宏观调控的重要内容之一。在农产品国内价格政策中，价格管制与限量政策共同发挥着重要作用。学者们关于农产品价格调控的认识也在不断深化，在为何制定和实施价格政策方面，形成的结论较为一致。但在如何实施价格政策等方面还略有差别，并处在不断探索的过程中。应该说，农产品国内价格政策的制定如何适应整个经济体制改革和价格改革的总目标，同时更多更好地利用市场机制，优化农业结构，调节农产品供求，促进优质高效，仍然是农产品国内价格政策研究的重要课题。

一是要明确重要农产品国内价格政策制定的目的,正确、合理地处理工、农利益分配关系。同时,各种不同的价格调控政策体系之间相互作用,共同影响着国内农产品的价格,有必要考虑供给方面的促进政策、需求方面和贸易方面的稳定政策之间的相互配套问题。二是鉴于农产品,尤其是重要农产品所具有的外向型特征,其价格波动既有供需基本面的因素,也有市场预期变化、恐慌性抢购和抛售、游资炒作等方面的因素,这些因素相互叠加,共同决定了重要农产品价格的运行方向和力度。因此,必须以全球的视野来讨论国内农产品的价格变化。一方面,要关注国际金融形势的变化,如国际基金操作方向、美元未来趋势等,这些因素将直接导致国际市场价格变化,并通过传导效应影响国内农产品价格走向;另一方面,要关注国际农产品政策变化对国内市场的影响,包括主要生产国和出口国生产贸易政策等,这是因为国内生产对外的高依存度将会放大生产的"蝴蝶效应"。同时,加强对现有政策的绩效评价,在此基础上才能有针对性地提出合适的国内农产品价格政策。

第 2 节　农产品补贴政策

农产品补贴是政府对农业支持与保护的主要且常用的政策工具,也是农产品市场与流通政策体系中一个非常重要的政策领域。农产品补贴有广义和狭义之分。广义的农产品补贴,即政府对农业部门的所有投资或支持,其中较大部分为对科技、水利、环保等方面的投资。狭义的农产品补贴,即对粮食等农产品提供的价格、出口或其他形式补贴。本部分主要指的是狭义的农产品补贴。

一、农产品补贴政策背景

农产品补贴政策作为我国重要的农业支持与保护政策工具,自新中国成立以来经历了三次变迁:传统经济体制时期(1950—1978 年),奉行"以粮为纲"指导思想下的以农用生产资料价格补贴为标志的间接补贴政策;改革时期(1979—2002 年),奉行以市场化为导向的以粮食价格支持为标志的流通领域间接补贴政策;改革完善时期(2003 年至今),奉行统筹城乡发展为指导思想的以"两免四补"为标志的生产领域明补政策。

"四补",即粮食直补、农资综合补贴、良种补贴和农机具购置补贴。粮食直补的目标指向是从事粮食生产的农民。该补贴始于 2004 年。农资综合补贴是国家对农民购买农业生产资料实行的一种直接补贴制度,始于 2006 年。此项政策目标是根据化肥、柴油等农资价格变动,按照"价补统筹、动态调整、只增不减"的原则而作出资金的安排,抵补生产资料成本上涨而导致农民种植成本上涨的因素。良种补贴是指国家对农民选用优质农作物品种而给予的补贴。此项政策的目标是通过提高良种的覆盖率来提高产量。该补贴起始于 2002 年。农机具购置补贴是指为农民进行农机具购置而安排的政策资金,其政策目标是提高农业的机械化率,提升农业机械装备水平。该补贴于 2004 年启动实施。同时,当前的农产品补贴包括产粮大县补贴、生猪大县补贴、粮食主产区最低保护价、病虫害防治、阳光工程培训等涵盖多个环节的农产品补贴政策。

农产品补贴政策实质上是在国民收入再分配过程中,通过对国家(政府)与农民之间"取"与"予"的分配关系的重新调整来协调农业与工业、农村与城市、农民与市民的利益矛盾的政策准则。

二、农产品补贴政策目标

从经济发展全局的角度评价,农产品补贴政策以保障粮食的低价供应、增加农产品供给、提高农民收入水平为主要目标,同时在提高本国农产品的国际竞争力等方面发挥了重要作用,为摆脱低收入国家发展初期所面临的"贫困恶性循环"作出了重要贡献。在不同的时期,农产品补贴政策的目标也不尽相同。我国农产品补贴政策长期以来利益偏斜于城市,农业被定位成工业化资金积累的源泉,丧失了自我积累和自我发展的正常条件,农民的利益也受到了部分损害。随着直接惠农的农产品补贴政策规模大为增加,农产品补贴政策一方面应以提高农民收入为核心目标,另一方面要立足于改善农业经营条件和为农民供给优质服务,支持农业长远发展。

三、农产品补贴政策内容

(一) 农用工业品补贴

为了增加农产品的市场供给,政府可以通过对农用生产资料,如化肥、农药、塑料薄膜、水、电和农机等提供补贴降低农业生产成本,从而刺激农业生产,增加农产品的供给数量。

从理论上讲,农用工业品补贴将降低农业生产的成本,使得农业生产者的边际成本曲线,即供给曲线向右下方平移,从而使得市场均衡数量增加,市场均衡价格下降。这将使消费者能够获得更多价格低廉的农产品。但对于农业生产者来说,虽然农产品产量可能大幅度地增加,但由于大多数农产品需求价格弹性都较小,农民增产所带来的净收入的增加难以弥补价格降低所造成的净收入损失。

农用工业品补贴政策的经济效应如图7-5所示。假定市场需求曲线为 D,市场供给曲线为 S,当没有政府干预时,市场均衡点为 E,市场均衡数量为 Q_e,市场均衡价格为 P_e。实行农用工业品补贴后,市场供给曲线变为 S',供给曲线的下降幅度为由于农用工业品受补贴后单位农产品成本的降低额,供给曲线下降使得市场均衡数量增加为 Q',均衡价格降为 P'。对于消费者而言,由于可以以较低的价格消费更多的农产品,消费者福利净增 $EP_eP'E'$。而对

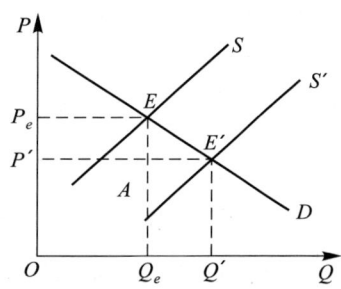

图7-5 农用工业品补贴政策的经济效应

于生产者来说,产品的低价格弹性使得农民的净收入反而减少了,即出现所谓的"增产不增收"现象。

实践中,农用工业品补贴政策能否达到增加农产品供给的目的,取决于以下几个因素:首先,补贴的方式能否促进农用工业品的生产。如果补贴方式不当,并不能使农用工业品的生产总量增加,那么农产品生产也将由于投入不足而达不到预期的增产目的。其次,农用工业品的流通渠道是否畅通。如果流通渠道不畅,则补贴的好处就可能为营销部门所截留,农民事实上并未享受到低价的农用工业品供给。

(二)食品消费补贴

根据补贴形式不同,食品消费补贴可分为直接补贴与间接补贴。直接补贴即明补,是指按一定标准直接给予食品消费者的货币补贴;间接补贴即暗补,是指通过价格扭曲方式(如规定最高限价等)使消费者在通过市场获得食品时实

际获得的好处。

按享受补贴的范围来划分,它可分为非目标补贴和目标补贴两大类。非目标补贴也叫全民性补贴,是对全体社会成员都提供一份补贴的食品补贴方式,目的是使全社会的每一成员都公平地得到食品供应。目标补贴是对于全社会中某一特定的群体(易受营养不良危害的人口,如儿童、孕妇、老人、失业人口和贫困人口)而进行的食品补贴,其目的是使这部分人能够得到足够的食品保障。

在实践中根据具体情况,可以使用其中一种,也可以将几种方法结合起来使用,还可以在不同的地区采用不同的方法。实行食品补贴政策需要有一系列的条件:首先是政府要有一定的财力,要掌握一定量的食品;其次是要有一套组织系统去执行这种制度;最后是在实行目标补贴时,要设立一些指标体系并进行调查,以确立实行食品补贴的目标,如对不同地区人口的收入状况、健康水平、年龄构成以及不同收入层次的人的消费习惯的调查。

(三) 生产者补贴

生产者补贴主要是在发达国家中实行,目前许多发展中国家也在逐步使用。它的主要目的是提高农民的收入水平。生产者补贴也可以分为直接补贴和间接补贴。

1. 直接补贴

直接补贴有差价补贴、休耕补贴、税收减免、低利贷款以及财政拨款等多种形式。这里介绍前两种。

差价补贴的原理是:政府每年制定出一个通常高于世界市场价格的目标价格,由于没有贸易封锁,国内市场价格等于世界市场价格,农民在按自由市场交易价格出售其产品时,政府则按照目标价格与当时的世界市场价格之差来对农民实行补贴。由此,差价补贴的实质是支持价格政策。从政策效果来看,第一,均衡数量增加,均衡价格降低;第二,来自国外的供给量减少;第三,来自国内的供给量增加,且国内供给量增加的幅度大于均衡数量增加的幅度,因而自给率提高了;第四,国内农民所获得的生产者价格(包括补贴在内)升高,再加上国内供给量的增加,因而农民的收入提高了;第五,可能改变贸易结构。在自由贸易时应该进口的产品,在差价补贴政策下可能成为出口产品。

　　要想成功地运用差价补贴,必须具备一定的前提条件。第一,必须能够准确地掌握每个生产者所销售产品的数量和质量。如果农业企业规模很小,数量很多且生产者与消费者直接见面销售很普遍,则是不可能实现的。第二,食品的自给水平应较低,否则会造成过剩问题。第三,目标价格与世界市场价格的差别不能太大,否则会造成国家的财政负担太重。

　　休耕补贴是欧美等农产品过剩的发达国家采取的另一种重要的生产者补贴措施。其目的是通过对休耕土地的直接补贴,实现农产品数量限制,在减少农产品供给的同时保证农民收入。

2. 间接补贴

　　间接补贴主要指政府对农产品的直接收购和区域支持。政府对农产品的直接收购一方面保证了国内农产品的销售,另一方面在价格上可以包含一定量的补贴。区域支持则是指政府通过制定和实施优惠政策等手段,对农产品生产集中地区所给予的区域性资助。

四、农产品补贴政策问题分析展望

　　农业作为基础产业,其天生的弱质性和不可或缺性,决定了对其施行保护与支持政策是一种必然,是一种普遍的趋向。此外,农产品具有战略性的商品性质,世界各国以保障自身供给和安全为前提,以提高农业国际竞争力为更深远的考虑,不同程度地制定农业补贴政策,对农业进行支持和保护,是国际形势发展的客观要求,也是一种普遍的趋向。

　　当前我国农业生产人均耕地少、经营分散、水资源等生产制约因素多等客观生产条件和农民人口基数大以及国家当前经济发展整体实力等客观社会条件,决定了我国在短期内不可能采用欧盟、美国、日本等农业发达地区和国家的农业补贴标准进行补贴,也不可能沿袭任何一个国家的农业补贴政策模式。特别是我国加入世界贸易组织以后,身处国际大环境里,面对国内、国际两个市场,加之我国工业化、城镇化的较快发展,现行的农业补贴政策在补贴数量、补贴对象、补贴重点和管理机制等方面与在工业化、城镇化深入发展中同步推进农业现代化的目标不尽合拍,仍需不断完善。

第 3 节　农产品流通政策

流通是连接生产与消费的桥梁。农产品流通是指农产品收购、运输、储存、销售等一系列过程。农产品流通,能够把农产品的生产与消费紧密联系起来,减少生产的盲目性。在市场经济国家,农产品流通政策在整个农业政策体系中发挥着重要作用。

一、农产品流通政策的目标

我国农产品流通政策的主要目标是稳定农产品市场,包括:稳定农产品供给和市场价格;保证农民的收入;保护消费者的利益;提高流通效率;增加国家财政收入或减少国家的财政支出等。在这些目标之间,存在复杂的相互关系。其中,消费者利益目标、生产者利益目标和国家财政目标的此消彼长关系是最基本和最典型的矛盾关系。现实社会中农产品流通政策之所以极为复杂,主要的原因在于:为了实现其中的某一单项目标而又不严重损害其他目标,不得不在采取某项措施的同时采取其他种种配套措施。

二、我国农产品流通政策的演变

(一)农村改革前的农产品统购统销政策

20 世纪 50 年代到 70 年代末基本上是禁止农产品自由流通,实行高度集权的农产品统派购和按计划分配的统销制度。农产品的购销基本是国营或具有国营商业职能的供销社依靠行政手段独家经营,不允许其他组织和个人参与经营。这种统购统销政策在稳定物价和为国家集聚工业化资金方面取得了很大成功。但长期实行这一政策的结果是,严重抑制了农民的生产积极性,阻碍了农村经济的发展。

(二)农村改革以来农产品流通政策的调整

1. 提高农产品统购价格,减少计划商品种类

从 1979 年到 1984 年,大幅度地调整了主要农产品的统购价,恢复了农产品集市贸易,开展农产品议购议销。在发挥国营主渠道作用的同时,实行多渠道经营,逐步搞活农产品流通,并缩小了农产品计划管理的范围。但是还未触及农

产品统购统销体制本身。正是由于农产品价格调整,加上家庭联产承包责任制的广泛推动,我国农产品的生产和购销形势才发生了前所未有的变化,为进一步深化农产品流通体制改革创造了条件。

2. 农产品流通的"双轨制"政策

1985 年中央一号文件取消了长达 30 多年的农产品统派购政策。这时农产品购销实际上成为"双轨制"。一方面包括国家全品种统一收购(如棉花、烟草、蚕茧等)和国家分品种定额收购部分(如粮油的合同订购部分),由国家定价;另一方面是市场调节部分,按市场议价运行。农产品流通上的"双轨制"促进了农产品流通,搞活了市场,但运行中也带来了一些问题,如:一些农产品的国家定价与市场价差距过大,挫伤了农民的生产积极性;"双轨制"有利于经济作物,不利于粮食作物;在一定程度上造成地区间农产品的封锁,阻碍了农产品流通。

3. 农产品流通市场化政策

1992 年,党的十四大提出了建设社会主义市场经济的宏伟目标。1993 年《中华人民共和国农业法》规定了我国农产品购销逐步实行市场调节,国家对关系国计民生的重要农产品购销实行必要的宏观调控,为农产品流通改革指明了方向。此后至 1997 年,农产品流通政策进行了如下调整:

(1) 逐步放开主要农产品的经营。除棉花外,主要的农产品如粮食实行购销同价,放开价格,收购价格主要由市场形成。

(2) 建立了主要农产品的风险基金和储备体系。农产品价格和购销放开以后,国家对主要农产品实行保护价制度,并相应建立了主要农产品的风险基金和储备体系,用于农产品市场的调节。

(3) 主要农产品实行政企分开,储备与经营分开。我国粮棉部门既承担着保障市场供求和价格稳定的政府职能,又作为商业企业要追求利润最大化目标,已不适应改革的需要。为此,实行了粮食经营政策性业务与商业性经营两条线运行机制,业务、机构、人员彻底分开。与此同时,中央和地方的储备粮与企业经营周转粮在管理上分开。

(4) 明确了中央与地方政府在保持农产品市场稳定中的责任。从 1995 年开始实行了粮食地区平衡,进一步明确了地方政府在农产品生产、市场、宏观调控上的责权,减轻了中央财政的压力。

（5）进一步健全了农产品市场体系,完善了农产品价格形成机制。在政策的引导下,我国已经初步形成了以中央批发市场为核心、以区域批发市场为主体的农产品流通体系,促进了农产品的流通。通过改革,主要农产品的价格主要由市场供求决定,企业按市场价格经营农产品,农产品价格在流通中发挥的作用也越来越大。

4. 入世后的农产品流通政策调整

按照加入世界贸易组织的要求,我国对有关农产品贸易的国内市场准入、国内支持和出口补贴等方面进行改革,降低了农产品进口关税,取消了出口补贴,对大宗农产品采取配额制度,并逐步向关税化过渡。从 2004 年开始,粮食流通体制改革取得突破性进展。国家全面放开粮食收购和销售市场,实行购销多渠道经营,清理和修改不利于粮食自由流通的政策法规,推进国有粮食购销企业改革,使其真正成为市场主体。这意味着我国农产品流通体制改革的最后一个堡垒被攻克,农产品市场的改革重点将放在农村要素市场的发育上。

我国对加强鲜活农产品流通基础设施建设、创新鲜活农产品流通模式及提高流通组织化程度都做了明确规定。2012 年中央一号文件对加强农产品流通设施建设做了要求。2020 年中央一号文件再次强调,安排中央预算内投资,支持建设一批骨干冷链物流基地,加快物联网、大数据、区块链、人工智能、第五代移动通信网络、智慧气象等现代信息技术在农业领域的推广和应用,促进农村电商的发展。

三、农产品流通政策的基本内容

（一）农产品购销以市场调节为主,以国家必要的宏观调控为辅

1. 我国农产品购销以市场调节为主

农产品购销实行市场调节,可以把农产品的生产、流通、消费通过市场有机地联系起来,引导生产者按照市场、消费需要调整和优化农业生产结构,提高农产品质量,使农业生产朝高产、优质、高效方向发展。

2. 农产品购销以国家必要的宏观调控为辅

国家通过对农产品购销的宏观调控,避免农产品价格大幅度下跌,使农民收入保持增长,稳定市场供给。国家还可以通过吞吐调节市场供求关系,平抑市

场价格。国家对农产品购销进行宏观调控,使工农产品价格保持合理的比价关系,有利于农业与整个国民经济的协调发展。政府对关系国计民生的重要农产品可以委托有关经营组织收购。

(二) 国家设立多级储备调节制度

国家建立了对重要农产品的多级储备调节制度,设立储备基金,建立、健全仓储、运输体系。通过对政府专项储备农产品的吞进与吐出,调节农产品的供求,稳定市场价格,这是国家对农产品流通活动进行宏观调控的有效手段之一。中央的农产品储备用于我国范围内不同省份之间农产品供求关系的调节。保证重点城市、主要销区对重要农产品的消费需求。省重要农产品储备用于省内不同地区间农产品供求关系的调节。地区内部的农产品供求关系,在市场机制作用下,由经营企业的周转储备来调节。

(三) 国家鼓励农产品流通渠道多元化

国有商业和供销合作社是我国农产品流通计划的主要执行者,也是目前我国农产品流通组织结构中实力最强的组织资源,在人员、资金、设施和市场信息方面具有明显的优势。但仍需加强自身改革,增强活力,加强仓储设施建设,提供市场信息,改进收购工作,发挥好主渠道作用,为农民销售农产品服务。国家鼓励和引导农民从事多种形式的农产品流通活动,按照国家规定从事农产品收购、加工、批发、贩运和零售活动。这不仅有利于搞活农产品流通,增加农民收入,促进农业生产发展,还有利于推动国有商业和供销合作商业组织的改革与发展,并能培育出一大批新合作商业组织,从而形成新的农产品流通组织网络,为我国市场经济体制的建立及农村经济的健康发展奠定坚实的基础。

(四) 国家支持跨地区、跨行业的农产品生产、加工、销售联合经营活动

农产品生产、加工、销售联合经营是指农产品的生产者、加工者、销售者等生产经营主体,通过契约关系把各自的生产、加工、销售环节紧密结合起来,从而实现共享利益、共担风险的一种经营方式。这种经营方式不仅对于联结千家万户建立专业商品生产基地,提高农产品生产组织化程度,减轻市场风险等具有极为重要的作用,而且体现了农产品市场化的要求,是现代农业、商品农业发展的必然选择。同时为了冲破地区性和行业性所形成的利益刚性制约,国家在政策上鼓励和支持企业事业单位和个人依法从事跨地区、跨行业的农产品生产、加

工、销售联合经营活动。

（五）国家支持农产品集贸市场和农产品批发市场的建立和发展

我国的农产品市场流通体系主要包括初级形态的集贸市场、较高形态的现货批发市场、高级形态的期货市场三个层次。我国当前要大力发展农产品批发市场，并逐步形成以批发市场为中心的农产品市场体系。农产品期货贸易市场是我国今后农产品市场发展的方向，需创造条件，逐步发展。

（六）农产品流通经营的范围

目前，除棉花、蚕茧、烤烟等少数几种农产品由国家统一经营，种子、兽药由法律规定的单位经营外，其他农产品，农民都可以经营。有条件的农业生产经营组织和其他经济组织可以按照国务院规定，经批准取得外贸经营权，进行农产品进出口贸易。没有取得外贸经营权的农业生产经营组织，可以通过与外贸企业订立农产品收购合同，或者委托外贸企业代为办理，进行农产品的出口贸易。

💬 复习思考题

1. 简述农产品国内价格政策的目标和内容，并阐述其现实意义。
2. 简述农产品补贴政策的目标和内容。
3. 简述农产品流通政策的目标和内容。

第 8 章　农产品国际贸易政策

本章学习目标

1. 了解农产品国际贸易政策的背景、目标及措施。
2. 掌握常见的农产品国际贸易政策工具及其经济效应。

导读

在经济全球化背景下,农产品国际贸易成为国际贸易中备受关注的领域,在世界各国的经济发展中都具有十分重要的地位。加入世界贸易组织以来,我国的农产品国际贸易规模不断扩大,农产品的贸易总额与改革开放以前相比增长了四倍,已成为农产品贸易大国。农产品贸易快速发展对于我国的经济发展具有重要的促进作用,选择适合国内和国际农业市场发展的合理的农产品国际贸易政策,可以进一步扩大我国农产品对外贸易,有效应对国际贸易规则,防止贸易摩擦,促进国内农业的持续健康发展。

第 1 节　农产品国际贸易政策背景、目标及措施

农产品国际贸易是以农产品为交易对象的国家间的商品交易,是国际贸易的重要组成部分。根据贸易方向不同分为进口和出口两部分,根据贸易方式不同分为直接贸易和间接贸易。农产品国际贸易政策是世界各国政府为农产品进出口贸易活动所制定的基本行动准则和采取的重要措施的统称。农产品国际贸易政策的发展有其背景、目标和措施等,是世界各国农产品国际贸易

发展的必然需求。

一、农产品国际贸易政策的背景及制定

(一)农产品国际贸易政策的背景

经济学家普遍倡导自由贸易,并把其作为贸易政策奋斗的目标。尽管国际贸易理论分析中完全竞争条件下的农产品自由贸易将使各贸易国的总体利益达到最大,但是各国农产品贸易实践表明,国际市场自由贸易只是一个理想,并未真正实现过,随着经济不断发展,各国政府对经济的干预却有不断加强的趋势。农产品国际贸易政策伴随着国际贸易政策的演变而发展,一些国家在工业化以前对农产品采取征税挤压的政策,而工业化之后,对其农产品贸易政策也转向了贸易保护主义。因而,农产品国际贸易政策更多地表现为贸易保护主义政策倾向。

从世界商品贸易结构来看,农产品贸易在世界商品贸易比例中呈现逐渐下降的趋势,而且农产品贸易发展速度较低,也呈下降趋势。农产品贸易是国际贸易中最敏感的领域,在国际农产品贸易中面临很高的贸易壁垒、贸易补贴和高额关税等。尽管各国在全球农产品贸易自由化谈判中取得了一定的进展,但仍存在贸易保护障碍。农产品贸易自由化是未来各国的努力和发展方向。

(二)农产品国际贸易政策的制定

农产品国际贸易政策选择是不同利益集团力量对比的结果。首先,农产品贸易政策对不同生产要素所有者产生不同影响。其次,农产品贸易保护政策对生产者和消费者产生不同的影响。例如,在进口贸易中,实施自由贸易政策会消除对进口的限制,促使价格下降,消费者需求上升,消费者剩余增加,给消费者带来福利;相反,自由贸易政策对于生产进口产品而形成竞争的生产者会使其价格下降,生产量减少,生产者剩余减少,福利损失。

农产品国际贸易政策也是国际谈判协调的结果。随着经济全球化进程的加快,各国通过谈判签订互惠协定有利于自由贸易的实施。通过国际谈判,以国际协定的形式实现减免关税,降低保护程度,也使得各国政府避免了贸易战给各自带来的巨大损失。

二、农产品国际贸易政策的目标

各国制定农产品国际贸易政策的主要目的在于:保护国内农业产业,扩大国内产品贸易市场;提高本国农产品竞争能力;资本积累;促进本国产业结构调整和经济发展;维护本国的对外政治经济关系。

发达国家贸易政策的制定是为了改善本国经济绩效并争取更有力的竞争条件,因而普遍对贸易政策实施政府干预,采取针对某些农产品的出口鼓励或进口限制的战略性贸易政策,旨在促进这些具有潜在竞争力的产业发展,并通过贸易政策将有限的资源配置给这些产业。发展中国家主要出口初级农产品或劳动密集型的制成品,其对外贸易政策的核心在于缩短与发达国家之间的收入差距,并改变这种不利的贸易局面。

三、农产品国际贸易政策类型及措施

(一) 农产品国际贸易政策类型

农产品国际贸易政策是不同利益集团相互较量而对政策制定者施加压力以实现自身利益最大化的产物,大致分为贸易保护政策和自由贸易政策。具体的分类为:按照贸易流向分为进口国的贸易政策和出口国的贸易政策;按照政策与贸易之间的联系分为直接贸易政策和间接贸易政策;按照政策内容可以分为关税、配额等。

(二) 农产品国际贸易政策措施

1. 限制进口的政策措施

为了保护国内生产同类农产品的产业,保护某农产品生产者利益或者增强产品竞争力,政府会制定一些如关税壁垒和非关税壁垒等限制进口的政策措施。

2. 鼓励出口的政策措施

增加出口有利于促进本国经济增长,为此许多国家大多时候都鼓励出口,制定了各种刺激出口的政策,如出口补贴、生产补贴以及战略性贸易政策等。

3. 限制出口的政策措施

限制出口的政策措施包括直接的数量控制和间接的税率调节、发放许可证、征收出口关税以及出口配额等。在经济上，许多国家对本国比较稀缺而又比较重要的商品常常会实行出口限制。

4. 鼓励进口的政策措施

为了促进先进科学技术的引进、支持国内消费、保护国内稀缺资源的消耗，一些国家通过鼓励进口进行替代消费，其主要措施包括进口补贴和消费补贴等。

第2节 农产品国际贸易政策内容

本节介绍一些常见的农产品国际贸易政策，并对其政策效果进行分析。

一、关税

关税是一种古老而常见的农产品国际贸易政策工具，是一国政府附加在进口或出口产品上的一种税。很多国家对其进出口商品都会征收关税。关税不仅为政府带来收入，更重要的是起到了保护本国相关产业的作用。关税与其他税收一样具有强制性、无偿性和预定性的特点，是国家凭借其政权力量用于调节和管理国民经济的重要手段。关税按照其征收对象或商品流向可以分为进口关税和出口关税。

（一）进口关税

进口关税是一国政府通过海关向进口的产品征税，是使用最广泛的一种对外贸易政策措施。进口关税的征收目的是提高其进口产品的成本，削弱对国内产品的竞争力，限制进口而保护国内产业发展。它是一种贸易保护政策措施。按计征方式不同，它可以分为从量税、从价税和混合税。进口关税作为一项农产品对外贸易限制政策，使得外国进口农产品不能自由进入国内市场，并影响国内农产品的价格、生产和消费。其对本国经济的影响取决于该国在国际市场的地位。

1. 进口关税对贸易小国的影响

贸易小国意味着该国的农产品对外贸易市场份额较小,征收关税不会对国际农产品市场价格产生任何影响,而对国内农产品市场价格会产生影响。如图 8-1 所示,D 和 S 曲线分别代表贸易小国某农产品的市场需求和供给,其均衡点为 $E(Q_e, P_e)$。假设该农产品的国内市场价格为 P_1,则供给量为 Q_1,需求量为 Q_2,如果允许进口该农产品且免征进口关税,进口价格和国内市场价格都为 P_1,进口量为 $Q_1 Q_2$。但事实上,为了保护本国农业生产会征收进口关税,而使农产品市场价格变为 P_2,促进本国农产品生产达到

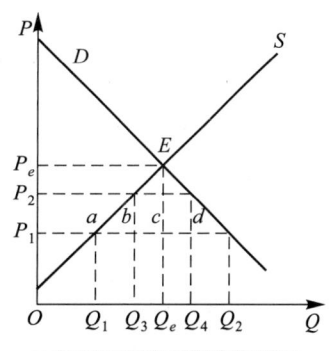

图 8-1 进口关税对贸易小国的影响

Q_3,而价格上升又使得市场需求变为 Q_4,这时进口量变为 $Q_3 Q_4$。

在征收进口关税后,对国内消费者而言,会造成消费者剩余的减少,降低其福利水平。如图 8-1 所示,消费者购买量减少,消费者以较高的价格买到较少的商品,其减少的消费者剩余量为 $a+b+c+d$;对生产者而言,在关税影响下国内市场价格提升,生产者剩余增加,其福利增加为 a;对政府而言,征收进口关税必然增加国家财政税收收入,其关税总额为 c。所以,进口关税提高了进口商品的国内市场销售价格,使国内同类商品按提高了的价格组织生产和销售,对国内生产和供给产生了保护效应,而且税率越高,保护效应越大。假设关税提高到 P_e,则会使进口完全停止,彻底保护了本国的农产品生产者。但是,从总体福利来看,生产者剩余福利的增加是消费者为此支付了较高价格而转移给生产者的福利,最终的社会净福利要看消费者减少的福利和生产者增加的福利以及政府关税收入的变化比较。因而,对于贸易小国而言,征收进口关税会增加国内该农产品的市场价格,减少国内该农产品的消费需求,损害消费者利益,促进国内该农产品的生产,增加国内生产者的福利,为国家带来税收,最终使得整个社会总体福利水平下降。

2. 进口关税对贸易大国的影响

贸易大国意味着该国农产品对外贸易市场份额较大,其进出口量的变化会影响国际农产品市场的价格,所以,征收关税会改变国际市场的供求关系,进而

可能导致国际农产品市场价格的改变。如图 8-2
所示,P_1 为自由贸易下进口大国农产品的国际市
场价格,按照此价格该国可能进口该农产品的量
为 Q_1Q_2。但由于该国实行进口关税,使该进口农
产品在本国的市场价格提升为 P_2,因而,减少了该
国进口该产品的需求。而对于国际市场上出口该
产品的国家而言,如果仍保持国际价格 P_1,则国际
市场上该产品会出现供给大于需求,进而继续降
低国际市场价格到 P_3;对于进口国,会获得 P_2P_3
的进口关税,而进口量会减少 Q_3Q_4。

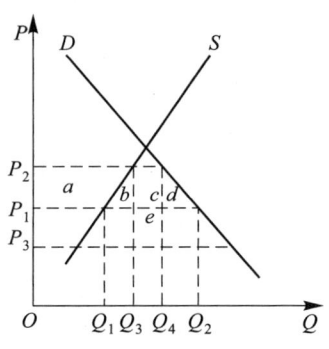

图 8-2　进口关税对贸易
大国的影响

对于贸易大国,实施进口关税后,由于价格上涨对国内消费者、生产者和政
府的福利分别产生不同的影响,导致消费者剩余减少 $a+b+c+d$,生产者剩余增
加 a,政府得到的关税收入为 $c+e$。与之前的贸易小国相比,贸易大国征收进口
关税会导致进口产品在国际市场上的价格下降,给贸易大国带来福利增加 e,进
口关税会引起价格变化,导致资源配置浪费,产生净损失 $b+d$。由此可见,进口
关税对贸易大国的福利影响由 e 和 $b+d$ 的大小比较来决定,即进口关税导致的
贸易条件改善所带来的福利如果大于因资源浪费引起的福利损失,则进口关税
对贸易大国有益;反之,关税会减少贸易大国的社会福利。

进口关税虽然对贸易大国可能产生社会福利,但不同的关税水平带来的
正面和负面影响也不同,因而理论上讲,应选择合适或最优的关税来使贸易大
国福利最大化。但现实操作中,要考虑本国资源的利用状况和其他国家的关
税贸易政策或报复性贸易政策(如报复性关税,当别国在关税上对本国商品实
行歧视待遇征收特别关税时,本国也对其别的商品征收较高的额外税率作为
报复),这样的最优点是很难确定的。近年来,随着世界贸易的发展,关税也逐
渐降低。而且,越是收入低的国家往往关税越高,而高收入国家的关税水平则
较低。

(二) 出口关税

出口关税是对出口产品征税,即将关税附加在出口产品上来限制产品的出
口。一般而言,这种情况并不普遍。

对贸易小国而言,征收出口关税会抑制其出口,降低国内市场价格,从而导致净福利损失。如图 8-3 所示,该国的生产者利益因价格降低而受到的损失为 $a+b+c+d+e$;消费者因价格降低而获益,消费者剩余增加为 $a+b$;政府因征收出口关税获得收益 d,最终该国的出口关税带来的福利变化为 $-(c+e)$,意味着出口关税导致贸易小国的社会净福利减少。

对于贸易大国征收出口关税,也会由于价格扭曲带来福利的损失,同时会对贸易大国的贸易条件产生影响。因为出口关税降低了出口的积极性,使贸易大国的出口产品在国际市场的供给减少,进而使国际出口产品价格升高。如图 8-4 所示,由于价格下跌导致消费者剩余增加 $a+b$,生产者剩余减少 $a+b+c+d+e$,政府得到的关税收入为 $d+f$,因而综合整个国家社会福利的变化为 $f-(c+e)$。与之前的贸易小国相比,贸易大国征收出口关税会导致出口产品在国际市场上的价格上涨,出口关税会引起价格变化,导致资源配置浪费,产生净损失 $c+e$。由此可见,出口关税对贸易大国的福利影响由 f 和 $c+e$ 的大小比较来决定,即出口关税导致的贸易条件改善所带来的福利如果大于因资源浪费引起的福利损失,则出口关税对贸易大国有益;反之,出口关税会减少贸易大国的社会福利。

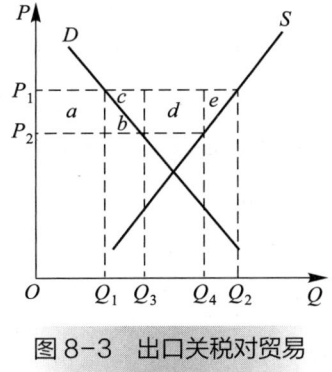

图 8-3　出口关税对贸易小国的影响

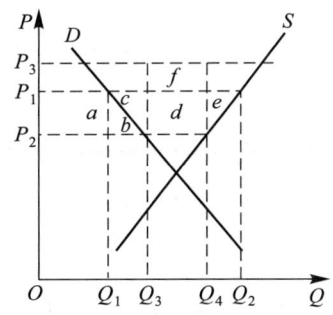

图 8-4　出口关税对贸易大国的影响

由此可以看出,出口关税会使贸易小国减少社会净福利,也使贸易大国在一定的贸易条件下损失部分福利。但对于发展中国家而言,使用出口关税来限制出口,一方面是由于征收出口关税的大部分商品基本上是原材料或是初级产品,其国内市场价格低,未经加工的产品附加价值也低,出口不利于其国内加工业的发展,因而采取该政策是为了限制初级产品出口,鼓励国内高附加值进口行业的发展。另一方面是这些国家征收出口关税的商品多为日常生活消费品。出于国内福利政策的原因,为保障国内日常生活消费品满足低收入群体,间接地保护其利益,征收关税来降低该商品在国内市场的价格,但这样容易造成资源配置的扭曲,并降低其社会净福利水平。而对于一些贸易大国则是通过贸易政策来改善贸易条件,争取更高的国际市场价格,增加其国内福利,但也同样会带来资源配置扭曲的负面效应。

二、非关税壁垒

20 世纪 70 年代中期,非关税壁垒由于具有灵活性、有效性、隐蔽性和歧视性的特点,成为贸易保护的主要方式。

(一) 进口配额

配额是一国为控制本国与他国之间的贸易而施加的对商品或服务进出口数量和金额的限制。配额可以分为进口配额和出口配额,但现实中许多国家主要采用进口配额来限制进口数额,而很少自愿使用配额来限制出口。进口配额是一国对进口数额限制的重要手段之一,其形式包括绝对配额和关税配额。绝对配额是指在特定时期内,对某商品进口数量或金额限定一个最高额度,达到该数额后便不准进口。而关税配额则是在一定的时期内,对规定配额以内的进口商品给予低税、减税或免税,对超过该数额的进口商品征收高额的关税。

进口配额对国内农产品市场价格及其社会福利的影响与关税类似。如果实行进口配额的国家是一个贸易小国,如图 8-5 所示,进口配额会使国内市场价格从 P_1 提高到 P_2。进口配额限制并降低了国外厂商的竞争,使其国内价格超出国际价格,国内生产者剩余变化为 a,而政府收入是否增加,要看其对进口配额的处理方式:如果是配额无偿地给予国外厂商,则政府收入为零,其社会福利为消费者剩余加生产者剩余即 $-(b+c+d)$;如果政府把进口配额在市场上通过竞标方式拍卖,则政府可以获得 c 的配额,其社会

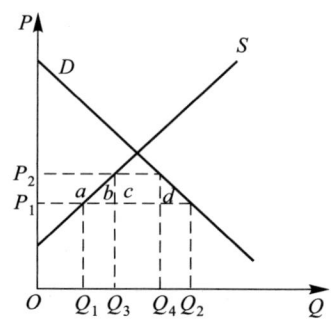

图 8-5 进口配额对贸易小国的影响

福利为 $-(b+d)$；如果政府把进口配额分配给国内该产品的生产商或进口商，则生产者剩余增加为 $a+c$，相当于政府收入转移，但整体社会福利与政府拍卖配额一样为 $-(b+d)$。

如果实行进口配额的国家是一个贸易大国，则进口配额使进口量减少，导致国际市场价格下降，国内市场价格上升。如图 8-6 所示，其配额的经济利益归属同小国配额情况一样，取决于配额的分配方法，因而实行进口配额对出口国的损害更大。

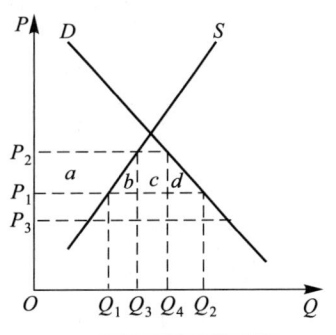

图 8-6 进口配额对贸易大国的影响

自动出口配额也是一种限制进口的手段，是出口国在进口国的要求或压力下，自动规定特定时期内某些商品对该国的出口限制，在限定配额内自我控制出口，超过配额就禁止出口。自动出口配额一般包括两种情况：一种是单方面非协定的出口配额，无国际协定的约束，由出口国单方面规定出口限额，出口商根据要求申请并自动控制出口；另一种是双方有协定的出口限额，进口国和出口国双方通过谈判达成协议，由出口国自动限制对进口国的供应量。

（二）进口许可证

进口许可证是一种限制进口数量的对外贸易管制措施。按照进口国的规定，进口某些商品必须向进口国有关当局提出申请，经过审查批准获得许可证后方可进口，它也是一种非关税措施。进口许可证按其是否与进口配额相结合可分为有定额的进口许可证和无定额的进口许可证，前者会预先规定有关商品的进口配额，在此配额内获得一定数额的进口许可证，后者则不与进口配额相结合。进口许可证按进口管制程度可分为一般自动进口许可证和特种非自动进口许可证，前者一般不受限制即可按一般商品获准自由进口，而后者必须获得审查批准后方可进口。

（三）技术性贸易壁垒

技术性贸易壁垒是指一国为了限制进口而采取复杂苛刻的技术标准、卫生检疫规定、商品包装、标签和环境要求等强制性或自愿性的技术规定或措施。通常是以维护国内生产、消费和食品安全与人类及动物健康为由而制定的。这些标准和规定复杂多变,使国外商品难以适应,从而起到限制国外商品进口和销售的作用。近年来,技术性贸易壁垒已经成为发达国家实行农业保护最主要、最有效且最隐蔽的手段,其对发展中国家农产品出口造成巨大损失,其扩散效应造成的间接损失也很大。由于进出口双方关于技术性贸易壁垒的信息不对称,双方对技术法规、标准、程序、制度等理解不一致,或者由于进口方采取歧视性的技术性贸易壁垒,双方在进行贸易过程中会发生各种纠纷,甚至是贸易摩擦。

(四) 其他非关税壁垒措施

非关税壁垒除了以上几种外,还包括:进口国和出口国对农产品采取的国家垄断;优先购买本国产品的歧视性政府采购政策;在本国境内对商品的生产、销售、使用或消费所征收的国内税;外汇管制、进口最低限价、知识产权壁垒、食品反恐壁垒、反倾销措施等。

非关税壁垒与关税一样,对本国的农产品贸易具有保护作用,但也使世界市场发生扭曲,使其社会福利水平降低。其对进口国和出口国都产生一定的负面影响。一般而言,发达国家以出口为主的商品受非关税壁垒的价格影响较小,而发展中国家则受非关税壁垒限制损失较大。

三、补贴

补贴是一国政府或机构向某些生产者或厂商提供的财政资助或价格和收入方面的支持,会直接或间接地增加其境内出口某种产品或减少向其境内进口某种产品,也是一国进出口贸易政策中常用的政策之一。

(一) 进口补贴

进口补贴是一国政府对进口某种商品的厂商进行现金补贴或财政优惠,从而降低进口商品在本国的价格,它是一种有利于消费者的农产品国际贸易政策。进口补贴政策所涉及的产品一般表现为:对于粮食,为了保证低收入阶层基本的食物需要,通过进口补贴保持国内低廉的粮食价格以保证国家的政治稳定;对于一些农业生产资料,如化肥、农药和主要农用设备等,通过进口补贴降低农产品生产成本,进而降低国内主要食物的价格。

(二) 出口补贴

出口补贴是一种传统而常见的鼓励出口的国际贸易政策,一般是在国内价格高于国际价格时,为了缓解国内产品的过剩或换取外汇收入,通过政府的出口补贴降低其出口农产品的价格,以此来扶持本国农产品的出口,增强出口产品在国际市场的竞争力。出口补贴的方法有直接出口补贴和间接出口补贴。直接出口补贴是指政府保证支付农产品国内价格和国际价格的差额,使出口农产品也得到与国内市场相同的价格;间接出口补贴则是指通过降低贷款利率、物资供应或运费优惠、出口退税等方式来降低出口产品成本,进而提高出口产品的实际收益。

(三) 生产补贴

生产补贴是指通过对生产环节的补贴而对进出口产生影响的一种间接的贸易政策,按照补贴主体不同可分为进口国补贴和出口国补贴。无论是进口国还是出口国,其生产补贴都是为了促进国内生产,减少进口,扩大出口,保护国内生产者利益。对于出口小国而言,生产补贴如果是根据产量进行补贴,就不会影响国内价格。这一点与出口补贴不同,在鼓励出口的同时消费者利益没有受到损害,生产补贴增加了生产者剩余,政府为此承担了生产补贴支出,最终社会福利有一定的净损失。与出口补贴带来的福利损失相比,生产补贴优于出口补贴,但政府为此会增加支出。

生产补贴的形式多种多样,如直接生产补贴、投入物补贴、科研推广补贴、农业水电补贴、农村道路建设补贴等。许多国家都利用生产补贴这一国内农产品贸易政策来发挥其较隐蔽的间接贸易政策作用。

复习思考题

1. 简述农产品国际贸易政策的目标。
2. 简述农产品国际贸易政策的主要内容。
3. 简述进口关税和出口关税分别对贸易小国和贸易大国的影响。

第 9 章　农业财政与金融政策

本章学习目标

1. 掌握我国农业财政与金融政策的目标。
2. 掌握我国农业财政政策与农业金融政策的内容。
3. 了解我国农业金融政策的完善措施。

导读

　　农业财政政策和农业金融政策是国家财政政策和货币政策的重要组成部分。在农业经济的发展与运行过程中,它们承担着重要的职责,发挥着调控功能。自中华人民共和国成立以来,我国的农业财政与金融政策一直发挥着重要的调节作用。但随着社会经济的发展,为适应农业发展的需要,农业财政与金融政策也在不断地进行调整。

第 1 节　农业财政政策

一、农业财政政策目标

　　农业财政政策是国家财政通过分配和再分配手段促进解决"农业、农村、农民"问题的一系列政策的总和。农业财政政策对于一国的农业发展至关重要。

　　从财政政策的角度来看,财政政策主要包括财政收入政策和财政支出政策。在我国,自从 2006 年全面取消农业税之后,农业财政政策主要表现在对农业的财政支出方面,即农业财政投入政策。农业财政投入政策是指政府运用财政手段发展农业的一种财政资金投放,是财政支出的一个组成部分,主要包括财政的直接投入、价格支持和信贷支援。新时期我国农业财政政策的基本目标如下:

(一) 促进农业发展

农业发展既是农民收入稳定增长的重要基础,也是国民经济健康运行重要而关键的环节。但是由于农业的产业特性和农业土地资源以及资金的稀缺性等多种原因,农业发展中经常面临着资金短缺、有效投入不足等困难。这就要求国家财政给予农业必要的支援,促进农业的发展。

(二) 调节农业生产结构

农业生产各部门的发展与国民经济的发展往往存在矛盾,政府通过农业财政政策对农业生产进行调节,可以促使农业生产结构与国民经济发展和社会对农业产品的需求相适应。

(三) 调节农产品流通

财政政策对农产品流通的调节主要是通过税收政策实现的。

(四) 提高农业劳动生产率

农业劳动生产率的提高,是人类社会中农业以外一切经济部门得以独立化和进一步发展的基础,也是提高经济效益的重要条件,还是实现农业现代化的根本目标之一。我国财政政策注重发挥其导向作用,在促进农业劳动生产率提高方面,通过加大财政支持的力度,来实现提高农业劳动生产率的目标。

(五) 调节工农关系、城乡关系

政府通过运用适当的财政支出政策可以调节工农关系、城乡关系。

农业财政政策的目标是服从于整个财政总目标的,因此,具体到一定的时期或条件下,农业财政政策的目标是有侧重点的。进入 21 世纪,我国农业财政政策实现了从支持农业生产到支持调整农业产业结构,再到支持农民增收的转变。采取了"多予、少取、放活、两减免、四补贴"等一系列促进农民增收的措施,惠及农民增产增收。

二、农业财政政策演变

我国农业财政政策是伴随着农村经济的发展而不断变革并逐步形成的,现在已经初步构成了与农业生产、农民收入、农村经济发展相适应的政策体系。

（一）农业财政政策的初始与弱化阶段（1950—1977 年）

初始阶段（1950—1962 年），农业财政政策通过采取农产品的统购统销等方式，即"农业反哺工业"的方式，产生了工农产品价格剪刀差，把农业剩余集中到国家手中。在财政支农支出方面，主要侧重投资于农、林、水利、气象事业，而对农业基本建设方面以及农村教育、卫生和文化、社会保障方面的投资较少，并且从农业上取得的财政收入要远远大于财政对农业的投入。

弱化阶段（1963—1977 年），呈现了"低投入、低产出、低效率"的特征，经济社会发展严重滞后，农业财政投入一直在较低的水平上徘徊，是增长最缓慢时期。农业、农村发展主要依靠集体分配制度。在此期间，农业财政投入的最主要特征是波动幅度大，而且以地方财政为主。

（二）农业财政政策的巩固、调整与强化阶段（1978—2003 年）

利益倾斜与软性照顾（1978—1985 年）。实行家庭联产承包责任制以后，农业财政投入开始出现利益倾斜与软性照顾。1984 年开始，中央强调制止对农民的不合理摊派，减轻农民的额外负担。在此期间，财政投入主体虽然仍为地方财政，但中央财政投入比例有所提高。

利益收敛与软性削弱（1986—1996 年）。中央财政对农业投入的绝对规模从 1986 年开始有所增加，但农业财政投入额占中央财政投入总额的比重下降。尤其是中央财政对农业基本建设投资的减少，削弱了农业抵御自然风险的能力。财政支农支出占财政总支出的份额逐年下降，同时财政支农支出占国家财政总支出的比例远远低于农业产值在国内生产总值中的比重，前者仅仅为后者的 1/2 或 1/3，财政支持力度与农业在国民经济中的地位与作用根本不相称。

利益调整与软性照顾（1997—2003 年）。1998 年，中国进行财政体制改革，提出建立公共财政体制框架，在财政支出方面逐步朝公共财政方向调整，在一定程度上促进了农业财政政策的转变。财政用于农业、农村、农民的支出不断增加，主要侧重于农业基础产业的发展和西部基础设施建设与西部资源的开发与利用以及生态工程建设。从 2000 年开始，在全国 20 个省、自治区、直辖市开展农村税费改革，2003 年全面推开这一项收入分配制度。此时期的财政支农政策由重点支持农业转到关注"农业、农村、农民"上来,并提出了加大农业投入力度、增加国家投资农业水利建设的比例、扩大以工代赈范围等政策,加大中央和省、自治区、直辖市财政转移支付力度。

(三) 农业财政政策稳定、快速、全面发展时期(2004 年至今)

我国乡村振兴战略的实施为农业农村发展指明了新的方向,国家对农业农村财政的支持力度进一步加大。纵观进入 21 世纪的涉农中央一号文件,焦点始终集中在"农业、农村、农民"的出路问题上。中央连续出台的这些一号文件形成了新时期加强"农业、农村、农民"工作的基本思路和政策体系。乡村振兴战略是新时期"农业、农村、农民"工作的时代命题和根本遵循,农村财政政策也需要围绕这一主题展开。

三、农业财政政策的内容

(一) 支持农业增产的财政政策

1. 对农业生产实行的补贴政策

农民收入能否随着国民经济特别是农村经济发展而增加是检验农业财政政策是否发挥效应的重要指标之一。

我国对农业生产实行的补贴政策一是取消农业税,增加转移支付,为农民减负。其基本政策取向是"减轻、稳定、规范",从减轻税负转向全面取消农业税。二是对农业生产实行直接补贴,促进农民增收,主要实行粮食直补、良种补贴、农机具购置补贴、农资综合补贴等。

2. 产粮大县奖励政策

由于种粮比较效益低,加之中央对农业税收的免除,产粮大县出现财政困难。为调动地方政府重农抓粮的积极性,2005 年中央出台了产粮大县奖励政策。此后,中央财政对产粮大县的奖励力度逐年增加,奖励政策也逐步完善,目前已初步建立了存量与增量结合、激励与约束并重的奖励机制。

3. 提高农业综合生产能力的政策

(1) 加大农业综合开发投入力度。农业综合开发是指中央政府为保护、支持农业发展,改善农业生产基本条件,优化农业和农村经济结构,提高农业综合生产能力和综合效益,设立专项资金对农业资源进行综合开发利用的活动。其任务是:加强农业基础设施和生态建设,提高农业综合生产能力,保证国家粮食安全;推进农业和农村经济结构的战略性调整,推进农业产业化经营,提高农业综合效益,促进农民增收。农业综合开发实行"国家引导、配套投入、民办公助、滚动开发"的投入机制。

(2)支持农田水利基础设施建设。农田水利设施的好坏,直接影响农业生产和农民的收益。自实行家庭联产承包责任制后,水利事业存在"重大轻小"现象,水利建设的重点集中在大江大河的治理上,而在农田水利设施的建设上,重视不够、投入不足。为解决小型农田水利基础设施薄弱的现状,中央财政以"民办公助"的形式开展小型农田水利工程建设。

(3)支持农业科技创新和推广。从 2005 年起,组织开展科技入户工程,构建"科技人员直接到户、良种良法直接到田、技术要领直接到人"的科技成果转化应用新机制。2006 年,增加新型农民科技培训项目,重点对从事农业生产经营的专业农民以及种养能手、科技带头人等开展培训。2012 年中央一号文件突出强调加快农业科技创新,把推进农业科技创新作为"农业、农村、农民"工作的重点和发展现代农业的根本支撑,出台了一系列含金量高、打基础、管长远的政策措施。

(4)支持高标准农田建设。2019 年 11 月,国务院办公厅印发的《国务院办公厅关于切实加强高标准农田建设提升国家粮食安全保障能力的意见》明确提出,全国要建成 10 亿亩高标准农田。党的十九届五中全会明确提出,实施高标准农田建设工程,"十四五"规划纲要和近年来中央一号文件均对编制实施新一轮全国高标准农田建设规划作出具体部署。农业农村部通过深入调研研究,牵头形成了《全国高标准农田建设规划(2021—2030 年)》。

4. 支持农业防灾减灾政策

此类政策涉及动植物重大疫情防控的补助、支持救灾和恢复生产以及建立农业风险防范机制等方面。做好农业防灾减灾工作,对保护人民群众生命财产安全、促进农业农村经济健康稳定发展具有十分重要的意义。

5. 加强农业生态环境保护政策

近年来,中国先后实施了天然林资源保护工程、退耕还林工程、"三北"和长江中下游地区等重点防护林建设工程、环北京地区防沙治沙工程、野生动植物保护及自然保护区建设工程、重点地区速生丰产用材林基地建设工程等重点工程。中国近 10 年已投入近万亿元用于生态建设和环境保护。农业生态环境保护的加强,对中国农业可持续发展发挥了积极的作用。

6. 支持现代农业发展政策

从 2005 年开始安排专项资金,支持各地发展优势特色产业。从 2008 年起,中央设立现代农业发展专项资金,财政部重点支持优势主导产业基础建设、农业规模化标准化生产、先进适用农业技术推广应用、农业产业化经营等方面,显示了财政支持农业的新取向。

(二) 支持乡村振兴战略的财政政策

党的十九大提出实施乡村振兴战略,各级财政通过加大农村基础设施建设、农村义务教育、农村医疗卫生和农村社会保障投入等,大力推进乡村振兴战略的实施。

1. 加大农村基础设施建设投入

农村基础设施建设主要包括:农村大宗农产品商品基地建设,乡村道路建设,农村电网改造,农村沼气、人畜饮水设施等建设。"十三五"期间,中央持续加大农村基础设施建设投入,农村基础设施建设明显改善。中央部署实施了一大批重大建设项目,带动整个社会第一产业固定资产投资明显增加。2016 年至 2020 年 9 月,第一产业固定资产投资累计达到 8.64 万亿元,是"十二五"时期的 1.66 倍。"十四五"期间,中央将继续加大农村基础设施建设投入力度,全面提高水、电、路、气、网等基础设施覆盖水平。支持农村危房改造。在加快社会主义新农村建设中,对农村危房改造各级财政给予了大力支持,首先在全国启动试点。2009 年中央农村工作会议明确提出,2010 年推进农村公共事业发展中一项主要工作就是支持农村住房建设。2021 年,中央一号文件提出继续实施农村危房改造和地震高烈度设防地区农房抗震改造。住房和城乡建设部、财政部等联合发布了《关于做好农村低收入群体等重点对象住房安全保障工作的实施意见》,要求继续实施农村危房改造和地震高烈度设防地区农房抗震改造。

2. 促进农村义务教育发展政策

具体包括加大投入力度、创新体制和机制及实施促进农村义务教育事业发展的多项工程等方面。出台了"两免一补"(免学杂费、免书本费、补助寄宿生生活费)政策,建立了保障农村义务教育发展的长效机制。2011年,决定启动实施农村义务教育学生营养改善计划。2018年,农村义务教育学生营养改善计划已覆盖所有国家级贫困县,让3 700万名农村学生受益,营养健康状况得到显著改善。

3. 加大农村医疗卫生投入

(1) 支持建立健全农村基本医疗保障体系,具体包括建立新型农村合作医疗制度、建立农村医疗救助制度以及建立农村儿童大病医疗保险制度。

(2) 支持建立农村公共卫生体系。为使广大农民在基层能够享受到方便及时的卫生医疗服务,各级财政部门大力支持农村公共卫生体系建设,具体包括加强农村医疗卫生服务体系建设、制定和实施农村基层卫生人才培养规划以及开展城市支援农村卫生工作。

4. 加大农村社会保障投入

具体包括建立农村最低生活保障制度、完善农村五保供养制度以及建立新型农村社会养老保险制度。

(三) 促进农民增收的财政政策

在促进农民增收方面,财政政策的主要精神是"多予、少取",一方面增加农民的投入,另一方面减少农民的支出。

1. 落实粮食最低收购价政策

为保护农民利益、保障粮食市场供应,从2004年起,国务院决定对短缺的重点粮食品种在粮食主产区实行最低收购价。市场粮价低于国家确定的最低收购价时,国家委托符合一定资质条件的粮食企业,按国家确定的最低收购价收购农民的粮食。

2. 对农民实施各种技术培训

一是做好农村劳动力技能就业计划、阳光工程、农村劳动力转移培训计划、星火科技培训、雨露计划等培训项目的实施工作。二是开展新型职业农民培训政策和农村实用人才培训政策。三是对青年农民工开展劳动预备制培训,在中等职业学校开展面向返乡农民工的职业教育培训。

3. 支持农村扶贫开发

扶贫是增加农民收入的重要途径之一,主要是支持贫困地区改善生产生活条件,采取开发性扶贫、科技扶贫、协作扶贫等措施,促进贫困地区社会经济发展。具体包括加大扶贫投入力度、开展"互助资金"试点、开展"整村推进"试点、开展民族地区扶贫试点以及实行以奖代补政策。

4. 减轻农民收费负担

在对农民"多予"的同时,采取"少取"的政策,清除对农民不合理的收费。2000—2003 年,主要取消统筹款、农村教育集资、行政事业性收费、政府性基金及集资;取消农村劳动积累工和义务工;改革村提留征收使用办法。从 2004 年开始,全面清除对农民的不合理收费。

5. 减少农民税收负担

2004 年取消除烟叶以外的农业特产税,农业税税率从 7% 降到 5%,全国减征农业税 30 亿元,中央财政补助 15 亿元;税费改革减轻农民负担 301 亿元;2005 年在全国取消牧业税,减轻牧民负担 1.6 亿元;2006 年废除屠宰税和农业税,农民每年上缴的农业税彻底取消。

6. 对农民实行各种优惠政策

从 2007 年开始实行家电下乡,补贴资金由中央财政负担 8%,地方财政负担 20%,农民得到了实惠。

综上分析,国家财政支农政策的内容是非常丰富的。经过多年的调整完善,目前一个适应社会主义市场经济体制和农业农村发展形势的,以支持粮食生产,促进农民增收,加强生态建设,推进农村改革,加快农村教育、卫生、文化发展等政策为主要内容的农业财政政策框架体系已基本建立。

第 2 节 农业金融政策

一、农业金融政策目标

金融政策是指中央银行为实现宏观经济调控目标而采用各种方式调节货币、利率和汇率水平,进而影响宏观经济的各种方针和措施的总称。农业金融是指货币资金在农业领域内的融通。它是以资金为实体、信用为手段、货币为表现形式的农村资金运动、信用活动和货币流通三者的统一。农业金融政策是指为实现一定的农业发展目标,国家运用金融手段调整货币流通和信用的指导原则及相应的措施。农业金融政策对于农业生产与流通的健康有序发展发挥着重要的调控作用。

我国农村金融组织体系包括政策性银行、商业性银行、非银行金融机构和新型农村金融机构四大部分。其中,政策性银行包括中国农业发展银行和国家开发银行的农村部分;商业性银行包括中国农业银行、农村信用社;非银行金融机构包括中国农村发展信托投资公司、中国经济开发信托投资公司(农村部分)以及各个农业保险公司;新型农村金融机构包括村镇银行、贷款公司和资金互助社等。农业金融政策的作用主要通过对这些组织的行为影响和调节来加以实现。

农业金融是现代农村经济的核心,充分有效的金融服务对促进农业发展有着举足轻重的作用。农业金融政策的基本目标是通过资金的投放与回笼,调节农业生产的发展和农产品的安全有效供给。

(1) 支持农业健康稳定发展。具体包括:支持粮、棉、油生产,加强农业基础设施建设,为农业生产调节资金余缺,支持"优质、高产、高效"农业生产基地和农业现代化示范区的建设。

(2) 确保农副产品的收购。为了保护农民的生产积极性和利益所得,政府在丰收年份的收购旺季,总要在信贷上采取专门的政策,即筹集和安排足够的资金来收购农副产品,使农产品的流通得以顺畅,确保农民的收入不减少。

(3) 大力发展农用工业。为了保证化肥、农药、农用薄膜、农业机械和柴油等农业生产资料的供应量逐年有所增加,并不断提高质量、降低生产成本,政府在信贷上对这些企业或新上项目常常实行投资倾斜和其他保护性政策。

(4) 支持农村中小企业。各个农村金融机构积极支持农村中小企业的发展,使得农村中小企业不断优化产业、产品结构,增强产品的市场竞争能力,提高经济效益。

(5) 化解农村金融风险。风险和收益不匹配,会导致大量的资金流不到农村,农村的金融贷款不能得到有效满足。农业金融政策根据国家整体的金融形势,对农业信贷发行的数量、结构及发行对象进行控制、监管,防止金融风险的发生。

(6) 执行国家的宏观货币政策。农业金融政策是国家货币政策的组成部分,对农业金融是采取紧缩性金融政策还是扩张性金融政策取决于三个方面的因素：一是农业本身的状况；二是整个国民经济的发展状况；三是中央银行总货币政策的目标。

二、农业金融政策的内容

（一）政策性金融、商业性金融、合作金融（非银行金融）和其他金融（新型农村金融）共同发展的政策体系

伴随着农村金融改革进程，尤其是近年启动了调整放宽农村地区金融机构准入试点以后，我国农业金融形成了政策性金融机构、商业性金融机构、合作金融机构和其他金融机构共同发展的农业金融政策体系。

（二）农村信用贷款政策

根据农村经济发展的实际需要，原银监会突破了所有贷款必须实施担保、抵押的规定，对农户和农村中小企业实行信用贷款，并放宽了信用贷款额度。2008年，银监会不仅提出对小企业可发放信用贷款，而且扩大了抵押物范围，房产、商铺、知识产权、仓单、应收账款和存货均可抵押、质押。根据 2020 年中央一号文件，强化对农业信贷的货币、财税、监管政策正向激励，给予低成本资金支持，提高风险容忍度，优化精准奖补措施，对机构法人在县域、业务在县域的金融机构，适度扩大支农支小再贷款额度。同时，合理设置农业贷款期限，使其与农业生产周期相匹配。

（三）农村金融担保政策

近几年来，为了缓解农村金融担保不足的矛盾，我国一些地方开始探索建立政府支持、企业和银行多方参与的针对农户和农村中小企业的多种抵押贷款担保组织和基金，解决贷款难的问题。例如，吉林省政府与农业银行建立了"贷款中心+担保公司+合作经济组织+养殖户"的良性资金循环链条，为吉林省的畜牧业发展提供了信贷资金支持。四川省资阳市探索的"六方合作+保险"是金融机构、担保公司、饲料企业、种畜场、肉食品加工企业、协会农户六方互动发展，农业保险全程保障的现代畜牧产业组织体系，将金融、担保和保险有机联系起来。2020 年中央一号文件指出，发挥全国农业信贷担保体系作用，做大面向新型农业经营主体的担保业务。推动温室大棚、养殖圈舍、大型农机、土地经营

权依法合规抵押融资。

(四) 农业政策性保险

在农业政策性保险方面实施的政策主要包括:保费补贴分级负担;增加农业保险品种;开展设施农业保费补贴试点,对发展设施农业的农民给予保费补贴;探索开展农机具、渔业保险;加大对中西部地区、生产大县农业保险保费补贴力度,适当提高部分险种的保费补贴比例;推进建立财政支持的农业保险大灾风险分散机制。

三、农业金融政策的完善

(一) 进一步健全农村金融组织体系

健全农村金融组织体系就是要建立以合作金融为基础,政策性金融为重要保障,商业性金融、新型农村金融等为补充的多层次的农村金融服务体系。金融体系内各个机构和组织要分工合理、互为补充,并充分发挥其作用。2014 年中央一号文件指出,发展新型农村合作金融组织。强调把建立多层次的农村金融服务体系作为农村金融改革的基本目标。

(二) 逐步强化政策性、商业性金融机构的支农责任

政策性金融是在本国政府的支持下,以国家信用为基础,对符合相应规定的行业、领域,提供优惠性信贷服务,为配合国家实行特定的经济和社会发展政策而采取的一种特殊金融形式。政策性金融与商业性金融相比,不以营利为主要目的,但要实现保本或微利运行。农业发展需要建立完善的政策性金融支持体系,各类金融机构都应当积极支持农村改革发展。

商业性金融是现代金融体系的主体,在现代经济发展中起着非常重要的作用。然而,由于缺少必要的激励机制,商业性金融在农村金融服务中未能发挥应有的作用,反而成为农村资金外流的主要渠道。充分发挥商业性金融支农的积极作用,是完善金融支农体系的必然要求。提高商业性金融支农的资金比例,重点向农产品优势产区和粮棉主产区倾斜;加强商业性银行与农村信用社、新型农村金融组织的合作,有效促进商业性金融支农作用的发挥,发挥商业性金融为农业服务的作用。

（三）完善农业金融扶持政策

为增强农业金融抵御风险的能力，发挥其对农业的支持作用，应加大对农业金融，尤其是对农村信用社的扶持力度；给予适当的税收补贴、收入补偿、贷款利息补贴和免交存款利息税、剥离农村信用社不良资产、建立信贷担保基金等扶持政策。

（四）建立和完善农村信用环境和涉农信贷担保机制

1. 完善农村信用环境

探索完善农村资信系统，建立对农户和农村企业信用评级制度，逐步建立完备的农户信用档案和客观适用的信用评定方法。建立农村地区社会化的信用服务机构，为农村金融机构提供资信评级、信用调查等诚信服务。

2. 要健全涉农信贷担保机制

探索建立政府扶持、企业和银行多方参与、市场运作的涉农信贷担保机制。建立不同所有制形式的贷款抵押担保公司，允许多种所有制形式的担保机构并存。政府出资的各类信用担保机构应拓展符合农户分散、规模小特点的担保业务；经济条件好的地方可设立农业担保机构；现有商业性担保机构应逐步开展农村担保业务。

（五）不断创新金融产品和服务

1. 不断探索创新服务

当前，从根本上解决制约农业金融发展的担保难、农村资金外流、农村信贷资金的非农化、农村信贷服务的垄断、信贷供给不足问题，迫切需要进一步解放思想，实现体制与金融创新。

2. 不断探索创新产品

近年来，中央不断加大政策力度支持发展小额贷款，鼓励金融机构开发多样化的小额信贷产品，努力满足农民的小额信贷需求。

（六）完善农业保险政策

自2007年国家开展农业保费补贴试点以来，农业保险的投入不断加大，品种不断增加、范围不断扩大，为有效化解农业灾害风险发挥了积极作用。完善农业保险政策，首先，要积极扩大农业保险保费补贴的品种和范围。其次，以发展现代农业为重点，积极开展农机保险以及农房、小额保险等涉农保险业务，为农业生产和农民生活提供更有效的保障。最后,逐步健全政策性农业保险制度,建立农业再保险体系和财政支持的巨灾风险分散机制,为粮食生产稳定发展和保障粮食安全奠定基础。

💬 复习思考题

1. 什么是农业财政政策? 我国农业财政政策的目标有哪些?

2. 什么是农业金融政策? 我国农业金融政策的目标有哪些?

3. 我国农业金融政策的内容包括哪些?

第 10 章　农业结构政策

本章学习目标

1. 掌握农业结构政策的具体目标。
2. 了解我国农业结构调整的发展历程、存在的问题和未来结构调整的发展趋势。

导读

从我国的农业发展历程来看,在 1978 年前始终是处于总量不足的短缺状态;1978 年以后,为了满足国内的需要,前后进行了四次大的结构调整,废弃了以粮为纲、全面发展的政策,采取了不放松粮食生产、多种经营的政策,解决了粮食短缺的困境;其后实行了高产、优质、高效的政策,使得农业结构更趋向合理;今后通过进一步的结构调整,我国的农业生产将达到更加合理的状态。

第 1 节　中国农业结构调整发展历程

农业结构反映农业各生产部门以及部门内各产业间的组合形式和构成,是农业资源转换的综合能力和水平的体现。不同时期、不同层次的社会需求形成不同的农产品和服务需求结构,而需求结构的变化则必然导致农业产业结构的变动。农业结构具有明显的可变性,其表现形态和质量档次是由经济体制、生产力水平和社会消费需求所决定的。

改革开放以来,随着经济社会发展和人民生活水平日益提高,我国农业结构不断优化调整,实现了历史性转变。

一、第一次农业结构调整

第一次农业结构调整始自 1978 年,结构调整以"决不放松粮食生产、积极开展多种经营"为基本方针。

基于 1978 年前农业结构不合理问题,党的十一届三中全会提出了有计划地改变农业结构的任务。党的十一届四中全会通过的《中共中央关于加快农业发展若干问题的决定》指出:我们一定要正确地、完整地贯彻执行"农林牧渔同时并举"和"以粮为纲、全面发展、因地制宜、适当集中"的方针。粮食生产搞得好不好,关系到九亿人民的吃饭问题,一定要抓得紧。过去我们狠抓粮食生产是对的,但是忽视和损害了经济作物、林业、畜牧业、渔业,没有注意保持生态平衡,这是一个沉痛的教训。我们一定要把我国优越的自然条件充分利用起来,把各方面的潜力挖掘出来,使农林牧渔各业都有一个大的发展。粮食作物和经济作物,也一定要按照各地区的特点,适当地集中发展。要有计划地逐步改变我国目前农业结构和人们的食物构成,把只重视粮食种植业、忽视经济作物种植业和林业、牧业、渔业的状况改变过来。1981 年,《关于积极发展农村多种经营的报告》改变了过去的"以粮为纲",提出"决不放松粮食生产、积极开展多种经营"的方针,要求农业同林业、畜牧业、渔业和其他副业,粮食生产同经济作物生产之间要保持合理的生产结构,实现农林牧副渔全面发展。这次结构调整,是针对非粮产品紧缺进行的结构纠偏,拓宽了农业的发展空间,种植业、养殖业都有了很大发展。在实施家庭承包经营制度和市场化取向改革条件下,一方面,国家缩减粮食等农产品征购基数和统派购范围,直至从 1985 年取消农产品统购制度,发挥市场在资源配置中的基础性作用;另一方面,广大农民以市场需求为导向,积极开展农业结构调整。农村改革极大地解放了生产力,一方面实现了农业快速发展,粮食等农产品大幅度增加;另一方面初步改善了农业结构,与 1978 年相比,1991 年农业总产值中种植业产值所占比重由 80.1% 下降到 63.1%,同期畜牧业产值所占比重由 15% 上升到 27.1%,渔业由 1.6% 上升到 6.8%。

这个时期的农业生产以粮食等主要农产品的长期短缺为背景,以解决人口大国的温饱问题和提高人民的食物营养水平为基本目标,通过持续增加对农业的投入,广泛调动农民生产的积极性,我国粮食和农业综合生产能力得到前所未有的提高和释放。粮食综合生产能力从改革初期的 3 亿吨相继迈上 4 亿吨和 5 亿吨两个台阶,农产品供给水平大幅度提高,终结了我国主要农产品长期短缺的历史,并且使得城乡居民生活得到显著改善。

二、第二次农业结构调整

第二次农业结构调整始自 20 世纪 90 年代初期,发展高产、优质、高效农业是结构调整的主要目标。

20 世纪 80 年代,我国农产品数量实现大幅度增长,基本解决了全国人民的温饱问题。然而,农业结构又出现了一些新的问题:一方面,表现为农产品发生新的卖难问题;另一方面,表现为优质农产品供给不足,不能满足城乡居民生活水平不断提高的消费需求,进而出现了农业增产不增收的现象。为此,需要促进农业由单一追求高产转向高产优质并重。在这种背景下,《国务院关于发展高产优质高效农业的决定》对发展高产、优质、高效农业作出了九项规定:一是进一步把农产品推向市场;二是以市场为导向继续调整和不断优化农业生产结构;三是以流通为重点建设贸、工、农一体化的经营体制;四是依靠科技进步发展高产、优质、高效农业;五是建立健全农业标准化体系和检测体系;六是继续增加农业投入,调整资金投放结构;七是改善高产、优质、高效农业生产条件;八是积极扩大农业对外开放;九是加强领导,建立适应高产、优质、高效农业的考核制度。这是在全国农产品大幅度增长后,中央及时作出的促进农业结构调整和持续发展的又一重大决定。在发展高产、优质、高效农业的政策取向下,各地积极推进农业以市场为导向优化产业结构,农业结构调整步伐明显加快,种植业比重继续下降,养殖业快速增长,尤其是畜牧业和蔬菜、果品、花卉等附加值较高的经济作物产业发展迅猛。

三、第三次农业结构调整

第三次农业结构调整时间为 1997—2007 年,推进农业结构战略性调整成为主要目标。

中央于 1998 年作出了农业进入新的发展阶段的判断,提出新阶段的中心任务是对农业和农村经济结构进行战略性调整。农业结构调整的目标是在农产品总量供给基本平衡、丰年有余的基础上,坚持以市场为导向,进行提升产业素质的战略性调整,更加突出质量和效益,发挥区域比较优势,培育优势产业,提升产业竞争能力。《中共中央国务院关于做好 2001 年农业和农村工作的意见》指出:推进农业结构等的战略性调整,必须牢牢把握提高质量和效益这个中心环节,面向市场,依靠科技,在优化品种、优化品质、优化布局和提高加工转化水平上下功夫。只有这样,才能使农业在新的台阶上继续保持旺盛的发展活力,促进农民收入持续增长。2004 年以来的中央一号文件,进一步制定了切实可行的政策措施,促进农业结构战略性调整的深化。

四、第四次农业结构调整

第四次农业结构调整时间为 2008 年至今,以总量平衡、结构平衡和质量安全为主要目标。

这个时期农业发展的背景是主要农产品供求关系已从"总量基本平衡、丰年有余"转变为"总量紧平衡、结构性短缺",农业发展的资源环境刚性约束趋紧,加快农业"引进来"和"走出去"步伐的机遇与风险并存。农业发展的主要任务是:提升粮食等重要农产品供给保障水平,提升农业质量效益和竞争力,农村居民收入稳步增长,农村居民人均可支配收入增长与国内生产总值增长基本同步,城乡居民收入差距持续缩小。

2008 年《中共中央国务院关于切实加强农业基础建设进一步促进农业发展农民增收的若干意见》提出:必须立足发展国内生产,深入推进农业结构战略性调整,保障农产品供求总量平衡、结构平衡和质量安全。《中共中央关于推进农村改革发展若干重大问题的决定》提出:推进农业结构战略性调整。以市场需求为导向、科技创新为手段、质量效应为目标,构建现代农业产业体系。2015年《农业部关于进一步调整优化农业结构的指导意见》指出:进一步调整优化农业结构的主要目标是实现"两稳两增两提"。"两稳",即稳定粮食产量和粮食产能,实现谷物基本自给、口粮绝对安全。"两增",即农业增效、农民增收,实现农业整体素质提升和农民收入持续较快增长。"两提",即提高农业市场竞争力和可持续发展能力,使农业发展由数量增长为主真正转到数量质量效益并重上来,

由依靠资源和物质投入真正转到依靠科技进步和提高劳动者素质上来。《中华
人民共和国国民经济和社会发展第十四个五年规划和 2035 年远景目标纲要》
提出:优化农业生产布局,建设优势农产品产业带和特色农产品优势区。推进粮
经饲统筹、农林牧渔协调,优化种植业结构,大力发展现代畜牧业,促进水产生态
健康养殖。积极发展设施农业,因地制宜发展林果业。

第 2 节　农业结构政策目标

一、农业结构政策目标概述

农业结构一般分为狭义的农业结构和广义的农业结构。狭义的农业结构是
指农业生产结构,包括:种植业、养殖业和渔业的构成及其所占比例,种养业中各
种产品的构成及其比例及每一个品种中的品质构成及比例。广义的农业结构除
包括上述内容外,还包括:农业的区域布局,农业中的种养业、农产品加工业和农
产品储蓄、运输服务等第三产业的构成比例。农业结构政策就是适应国民经济
发展和人民生活水平的改变,用以不断调整农业结构内部各种资源和生产要素
构成及其比例的措施。其目标为:通过这种调整策略提高农业整体素质和发展
水平,促进农业持续健康发展。

加入世界贸易组织后,农业发展的约束条件发生了大的改变,这对促进中
国农业战略性调整是有益的。要结合农业发展新阶段的特点和发展目标,充分
利用国际、国内两个市场,发挥区域比较优势,在更大的范围内合理配置生产要
素,提高资源利用水平和配置效率。要适当减少粮、棉、油等土地密集型农产品
的生产,增加畜牧、水产以及园艺等劳动密集型农产品生产。在政策调整上应对
不同区域采取不同的政策导向。东部沿海发达地区要适当调减没有比较优势价
格的粮棉生产,增加资金和技术密集、附加值高的农产品生产,发展创汇农业和
现代化农业,扩大优势农产品出口;中部和粮棉生产地区应在稳定粮棉生产优势
的基础上,大力发展畜牧业和农产品加工业,推进农业产业化经营;西部地区则
要抓住西部大开发的历史性机遇,在大力发展不同区域特色产业的同时,实行退
耕还林、还湖、还草,恢复和加强农业生态建设。

中国是一个农业大国,处理好粮食问题是农业结构调整政策的重点。解决粮食问题首先要立足于国内资源,实现基本自给,同时利用国际资源,进行品种和丰歉年间调剂。其次要调整粮食生产结构。从结构调整的区域分布看,要调减低质粮食品种,发展优质、专用的粮食生产。因此,要调整南方早籼稻面积,稳定中稻,发展优质稻;稳定发展北方冬麦,改良东北春小麦品种,适当调减南方冬小麦,大力发展专用小麦;重点发展优质饲用玉米,配合加工需要发展高淀粉、高含油等玉米品种生产,适度扩大南方玉米生产;扩大优质品种和高质量的大豆生产,稳定发展名、特、优杂粮生产。总之,应把努力提高粮食品种和质量作为粮食结构调整的重点。最后要重点提高科技对粮食增长的贡献率。"超级稻"的推广,就说明中国粮食还有极大的增长潜力。

二、农业结构政策的具体目标

(一)发展高产、优质、高效农业

高产、优质、高效农业的含义为:一是高产,就是提高资源的单位产出率,包括提高农、林、牧、渔等多种农产品的产量,重点是提高单位面积产量;二是优质,就是追求农产品的使用价值,包括品种改良、产品优质、结构优化等;三是高效,就是提高农业的综合效益,以提高经济效益为中心,兼顾社会效益和生态效益,实现三个效益的统一。发展高产、优质、高效农业,就是要遵循价值规律,依靠科技进步,以全面发展的观点充分合理地开发利用各种农业资源,不仅要生产出产量更高、品质更好的各种农产品,而且要不断提高效益,使农业成为充满生机活力、具有较强的自我发展能力的现代产业。

为了更好地满足城乡居民生活水平不断提高对农产品的消费需求,为工业化提供更多的优质原料、缓解农产品卖难问题、较快增加农民收入,我国农业应当在继续重视产品数量的基础上,转入高产优质并重、提高效益的新阶段,并加快发展高产、优质、高效农业,以市场为导向继续调整和不断优化农业生产结构,在确保粮食稳步增产、积极发展多种经营的前提下,将传统的"粮食-经作物"二元结构,逐步转向"粮食-经作物-饲料作物"三元结构,不断提高农作物的综合利用率和转化率。在继续加强牧区畜牧业的同时,进一步发展农区畜牧业。在畜牧业发展的基础上发展加工业,为乡镇企业发展开辟新的途径。不论是种植业还是畜牧业和水产品,都要把扩大优质产品的生产放在突出位置,并作为结构调整的重点抓紧抓好。

为促进农业结构进一步调整,各地要以流通为重点建立贸、工、农一体化的经营体制。按照市场需要组织生产和加工,形成生产、加工和流通环节紧密相连的产业体系,上联全国市场,下联千家万户,发展适度规模的商品生产基地和区域性支柱产业,是进入农村商品经济大发展时期以后的必然要求,也是发展高产、优质、高效农业不可缺少的基本条件。鼓励各地建立贸、工、农一体化的经济实体或利益共同体,打破部门、地区和所有制的界限,不论农业、工业企业还是商业、外贸企业,不论国有、集体企业还是"三资"或私营企业,实行谁能牵头就支持谁的政策。进一步办好城乡农贸市场,继续鼓励农民有组织地参与流通领域发展,以加快发展农村第三产业。

贸、工、农一体化经营组织要重点发展加工、保鲜、运输和销售,实现农产品的多层次、大幅度增值,提高市场竞争能力,扩大农村劳动力的就业容量。提倡和鼓励加工企业兴建农产品原料基地,或者实行加工企业与农产品原料基地直接挂钩,减少中间环节。根据市场需求,在重点农业商品生产基地建立现代化的农产品加工生产线。为扶持农产品加工、贮存、保鲜、运销等延伸环节的发展,对新办的从事这类经营活动的企业,实行优惠的税收、信贷政策。农业社会化服务体系建设要把发展高产、优质、高效农业作为主要任务,推进技术物资结合,加快改革进程,为发展高产、优质、高效农业和整个农村商品经济服务。

(二)实现对农业结构的战略性调整

当前我国农业结构的不合理,主要表现在:农产品质量不高,不能适应市场需求变化;农业区域结构雷同,影响各地比较优势的发挥;农产品加工程度低,制约增值效益的提高和消费需求的扩大。要实现农业结构的战略性调整,必须牢牢把握住提高质量和效益这个中心环节,面向市场、依靠科技、优化品种、优化品质、优化布局,提高加工转化水平。只有这样,才能使我国农业在新的台阶上继续保持旺盛的发展活力,促进农民收入持续增长。

经过近几年的实践探索,我国农业结构调整已经有了一个良好的开端,出现了一些可喜的变化,如优质专用农产品得到快速发展,畜牧业、渔业成为新的增长点,主要农产品生产逐步向优势产区集中,农民增收的渠道进一步扩宽,市场机制所起的作用越来越强。但是,必须清醒地看到,农业结构调整所取得的成效还只是初步的、阶段性的。农业结构不合理、农产品市场竞争力不强、农业效益不高、农民增收困难的状况还没有得到根本改变,坚定不移地推进农业结构战略性调整,促进农业增效、农民增收,是巩固农业基础地位、维护广大农民利益的客观要求,是适应整个国民经济结构调整、促进经济持续稳定发展的客观要求,也是适应加入世界贸易组织、参与国际市场竞争的客观要求。我们一定要进一步增强紧迫感和责任感,紧紧抓住新一轮科技革命、推进城市化和西部大开发的历史机遇,加快农业结构调整的步伐。

当前和今后一个时期,农业结构战略性调整的总体思路应该是:以提高质量和效益为中心,以增加农民收入为基本目标,以增强农产品市场竞争力和促进农业产业升级为重点,面向国内外市场,依靠科技进步,进一步优化品种结构,优化产业结构,优化区域布局,加快农村二、三产业发展,加快小城镇建设,促进劳动力转移,全面提高农业和农村经济的整体素质和效益。根据这个总体要求,农业结构调整应当突出三个重点:① 全面提高农产品质量,满足市场优质化、多样化的需求。② 加快发展畜牧业和渔业,扩大农民增收的领域,把发展畜牧业作为农业结构调整的重要内容,加快发展步伐,使之成为大支柱产业。③ 大力发展农产品加工业,提高农业的综合效益。坚持以市场为导向,立足现有加工能力的改组、改造,积极引进开发农产品加工、保鲜、储运技术和设备,促进我国农产品加工业发展。

调整农业结构要从实际出发,从市场需求出发,讲求实效。同时要看到,农业结构调整是一项复杂的系统工程,是一项长期的任务,既要争朝夕,又要稳扎稳打。各级政府要注意做好引导和服务等基础性工作,重点是抓好典型示范、政策指导、信息引导、产销衔接等工作,为结构调整创造良好的、宽松的环境。

第3节 农业结构政策内容

改革开放以来,我国对农业结构做了较大调整,从"以粮为纲"到"积极开展多种经营",从高产、优质、高效到农业和农村结构战略性调整。概括而言,农业结构政策主要有以下几方面内容。

一、促进农业内部各业结构改善

从满足人民因生活水平提高而对农产品产生的新需求出发,在保持粮食生产平稳发展的同时,各级政府都出台了促进农业结构调整的政策措施,主要有:实行市场化改革,放权让农民根据市场需求调整生产结构,发挥市场在资源配置上的基础性作用;通过实施优势农产品基地建设、市场体系尤其是优势产品产地批发市场建设、农业社会化服务体系建设、优势特色产业科技创新与推广、金融服务、政策性保险等多种方式支持农民开展多种经营,促进农业全面发展。

在促进农业全面发展的政策措施作用下,农业内部产业结构得到显著改善。2021 年与 1978 年相比,农业总产值中种植业的比重由 80% 下降到 53.3%,畜牧业比重由 15% 上升到 27.1%,渔业的比重由 1.6% 上升到 9.9%。

农业各业内部的结构也得到了明显改善。种植业结构中,粮食作物播种面积占农作物总播种面积的比重由 1978 年的 80.3% 下降到 2021 年的 69.7%,而蔬菜、油料、水果种植面积的比重则大幅增加。畜产品结构逐步优化,猪肉在肉类中的比重由 1996 年的 68.9% 下降到 2021 年的 58.9%;渔业生产结构进一步调整,养殖产品比重有所提高,2021 年海淡水养殖产品产量占水产品产量的80.6%,比 1990 年提高近 30 个百分点。

二、促进主要农产品生产逐步向优势产区集中

实施优势农产品区域布局规划,促进农业结构调整。2003 年,国家制定并发布《优势农产品区域布局规划(2003—2007 年)》,规划了专用小麦、专用玉米、高油大豆、棉花、"双低"油菜、"双高"甘蔗、柑橘、苹果、肉牛、肉羊、牛奶、水产品等优先发展的优势农产品,提出了建设 35 个优势产业带的目标。随后,国家又编制、实施了优质水稻、生猪两个优势农产品的区域布局规划。农业部门加强协调、统筹安排,加大并带动了地方政府和社会对优势农产品产业带建设的投入,并结合《国家优质粮食产业工程建设规划(2004—2010 年)》的实施,着力抓好水稻、小麦、玉米、大豆四类粮食作物优势品种和九大产业带建设,以促进粮食生产的产业化、区域化。《优势农产品区域布局规划(2003—2007 年)》的实施,

引导农产品生产向优势区域集聚,促进农业区域化布局和专业化分工,形成优势农产品产业带。2007 年发布的《特色农产品区域布局规划(2006—2015 年)》,提出以发展"一村一品"为抓手,采取政府扶持与市场运作相结合的方式,在确保国家粮食安全的同时,深度挖掘区域特色资源潜力,加快培育一批特色明显、类型多样、竞争力强的知名品牌和专业村、专业乡镇,打造现代特色农业产业链,逐步形成合理的区域分工和专业化生产格局。2014 年,为充分发挥资源比较优势,加快培育区域特色产业,实现农业增效、农民增收,对《特色农产品区域布局规划(2006—2015 年)》进行了修编,形成了《特色农产品区域布局规划(2013—2020 年)》。修编后的规划重点发展 10 类、144 种特色农产品。

三、促进农产品质量提高

政府从适应人民生活水平提高的角度出发,按照"高产、优质、高效、生态、安全"的要求,积极推进农业发展方式转变,推进农业科技进步和创新,加强农业物质技术装备,大力促进现代化农业发展,进而为提高农产品质量奠定基础。特别是在农业结构调整中,采取多项政策措施促进适销对路的优质专用农产品生产发展。同时,我国制定和实施了《中华人民共和国农产品质量安全法》,形成了包括监管体制、质量认证、标准管理、农产品生产、农产品包装和标识、检测追溯等的政策框架。这些政策措施的实施,促进了优质农产品生产的快速发展。

四、促进农业产业化经营发展

为适应市场经济和农业发展方式转变的要求,我国在家庭承包经营基础上创造了农业产业化经营方式,有效地衔接了小农户与大市场的关系。政府通过税收优惠、财政支持、信贷支持、上市融资、科研开发、技术改造、人才培养、基地建设,以及鼓励完善利益连接机制和促进农民专业合作经济组织发展等政策措施,培育一批竞争力高、带动能力强的龙头企业和企业集团。促进农业产业化经营的发展,已成为推进农业农村经济结构战略调整不可或缺的现实路径。

第 4 节　农业结构调整的问题与发展趋势

一、农业结构调整的问题

改革开放以来我国农业结构进行了有效调整,但农业结构不合理的问题仍然存在,主要表现在三个方面。

(一) 农业生产结构趋同,区域布局仍不够合理

相对而言,尽管我国近年来一些农产品生产向优势产区集中的趋势较为明显,但农业在区域间的合理分工仍未真正形成,区域间的产业结构趋同问题仍较严重,不同地区农业生产的比较优势仍未得到充分发挥。导致这种低水平重复趋同结构的原因,主要是农户家庭经营规模小,相对分散,农民的生产经营行为并不受产业区域规划约束,同时存在信息不对称的问题。

(二) 优势产业发展水平低,竞争能力不稳固

经过多年的发展,我国农业逐步培育出了一些具有比较优势的产品和产业,在国际市场上也有一定的影响。但从整体来看,我国农业在参与国际竞争的过程中还没有占据明显的优势地位。加入世界贸易组织以后,预计的一些优势产品并没有表现出应有的竞争力,这是因为我国农业现代化建设尚显滞后,农业弱质性的境况并未得到完全改变。

(三) 农产品加工转化不足,农业向广度和深度延伸不够

我国农产品加工业发展势头良好,但整体发展水平还不高,与农业农村经济的发展还不适应,仍处在替补发展阶段。存在的突出问题是:加工总量不足,精深加工程度较低;技术装备落后,企业规模较小。据测算,发达国家农产品加工产值与农业产值的比值大多在 2.0~3.7,而我国只有约 0.4;发达国家的加工食品约占饮食消费总额的 90%,而我国仅占 25% 左右;发达国家食品工业产值为农业产值的 1.5~2 倍,而我国还不及农业产值的 1/3。这些数字与事实充分表明,我国农产品加工业发展还比较落后,与农业结构调整的目标尚有差距。

二、农业结构调整的发展趋势

未来一个时期,我国将继续推进以"高产、优质、高效、生态、安全"为目标的农业结构调整,进一步调整农业产业和产品结构、区域布局和提高粮食供给能力,实现从人力资源优势到产品优势,从产品优势到产业优势,从产业优势到市场优势的逐步转换。

(一) 农业产业和产品结构调整

发挥农业的比较优势,实现资源的优化配置,是调整农业产业和产品结构的目标。前几次农业结构调整,都是为了解决粮棉等大宗农产品的卖难问题和促进市场短缺的优质、安全产品的发展。随着农产品供给数量不断增长、质量安全水平逐步提高,可以充分利用我国农业劳动力资源丰富的比较优势,把优势产业做强做大。通过改变优势农产品与劣势农产品的比重,调整农业产业和产品结构,提高有限生产要素的利用效率,从而增强我国农业的比较优势和资源的合理配置。具体而言,产业结构方面,将进一步减少粮、棉、油等土地密集型农产品的生产,增加畜牧、水产以及园艺等劳动密集型农产品的生产。产品结构方面,在总量平衡的基础上,将进一步对农产品品种、质量进行调整,压缩低质产品生产,扩大名优和专用性产品生产,加大农产品注册商标和地理标志保护力度,促进有机食品、绿色食品和无公害食品的发展;大力发展农产品加工业,提高精深加工水平,提高农产品增值效益;建立健全农产品质量安全体系,强化农业标准化和农产品质量安全工作,严格产地环境、投入品使用、生产过程、产品质量全程监控,切实落实农产品生产、收购、储运、加工、销售各环节的质量安全监管责任,引导、规范农业生产,以保障食品安全。

(二) 区域布局政策调整

在贸易自由化的大背景下,各国重视发挥本国的比较优势,加快优势产业带的建设,提高农业集约化的程度。区域布局可以带动产业集聚,引导技术、信息、资金等各种资源不断向优势区域集中,形成产、加、销一条龙,贸、工、农一体化的新型农业产业体系,提高农业生产效益。据分析,专业化分工和效率的提高,对全球农业生产增长的贡献率仅次于农业科技进步和增加生产资料投入。我国应当做好产业布局规划,科学确定区域农业发展重点,合理调整农业生产布局,形成优势突出和特色鲜明的产业带,引导加工、流通、储运设施建设向优势产区聚集。对不同区域应采取不同的政策导向。在东部沿海发达地区,适当调减没有比较优势的粮棉生产,增加资金和技术密集、附加值较高的农产品生产,发展创汇农业和现代化农业,扩大优势农产品出口。在中部和粮棉主产区,在稳定粮棉生产优势的基础上,大力发展畜牧业和农产品加工业,推进农业产业化经营。在西部地区,加强草原保护和生态环境建设,转变牲畜养殖方式,发展特色农业。热带和南亚热带地区将进一步提升热带作物产业的国际竞争力,抓好产业化、科技进步、质量安全、标准化生产和市场信息服务等,促进优势农产品产业带建设。同时,通过品牌化战略和对原产地的保护利用,形成一批著名品牌,以提高竞争优势。

(三) 促进农业产业结构优化升级

一方面,通过促进产业链延伸来拓展农业产业发展空间。随着农产品加工业的发展,农业的产业链逐步延伸,加工业和农产品进出口贸易越来越成为引导产业结构调整的重要力量。大力发展农产品加工业,不仅可以延伸农业产业链,提高农产品附加值,增加农民收入,而且可以开拓农产品新市场,为农业发展提供广阔的市场空间。另一方面,全面推进农业产业化经营,促进农业产业结构优化升级。按农业产业一体化的要求,建设高效的社会化服务体系和高度有序的市场流通渠道,不断培养适应农村分工分业需要的各种专业技术服务组织,构建产、供、销,贸、工、农一体化经营模式,把资源配置、产业发展和市场空间扩大统一起来,把农产品生产、加工、销售的利益有效地联结在一起,把农户、企业与市场紧密联系在一起,激励农民走上新的联合之路,形成从生产初级产品到最终产品的利益共享和风险共担的经济联合体,使农业在市场竞争中发展成为高效益的现代化产业。为此,我国将大力促进农业产业化经营的发展,扶持、壮大龙头企业,培育知名品牌,增强龙头企业的带动作用,为农业发展、产业提升拓展更广阔的国际和国内市场空间。

(四) 处理好保障粮食安全和发展畜牧、水产、园艺业的关系

在我国这样一个人口大国,保证粮食安全始终是农业乃至整个国民经济发展战略的核心问题,解决粮食问题的基本思路是立足于国内资源实现基本自给,同时利用国际资源进行品种和丰歉年之间的调剂。在进一步深化农业结构调

整的过程中,我国将高度重视粮食安全问题,处理好粮食生产与人口增长的比例关系,切实保护粮食生产能力,确保粮食生产与人口增长基本同步;处理好稻麦等主要粮食作物与蔬菜、水果等园艺作物生产的比例关系;处理好粮食生产与畜牧、水产等养殖业发展的关系,不断提高养殖业在农业中的比重,逐步推行粮食、饲料、经济作物的三元种植结构。同时,将开发非粮食食物资源的潜力。我国水域、草原、山地资源丰富,开发潜力巨大。据统计,全国有适宜水产养殖的浅海、滩涂 260 万公顷①,现仅利用 27.5%;可进行养殖的内陆水域 675 万公顷,也仅利用 70%;可以稻鱼结合的水稻田近 700 万公顷,现利用不到 20%;已利用的相当部分也只是粗放经营,提高单产的潜力还很大。我国现有草地面积 4 亿公顷,其中可利用面积 3.2 亿公顷,居世界第三位,若将其中的大部分建设成人工草场,提高草原畜牧业集约化水平,就能增加大量畜产品。山区面积约占国土总面积的 70%,具有发展木本食物的良好条件,增加木本食物的前景十分广阔。此外,外海和远洋渔业也都有一定的开发潜力。通过海洋开发利用,建立"海洋农场""海洋牧场",可以丰富居民的食物结构。

(五)农业结构调整目标将更加多元化

国民经济和社会的快速发展,对农业提出了更高的要求,需要充分发挥农业的多种功能,产业结构调整的目标也将日益多元化;结构调整既要保证农产品数量的供给,又要保证质量安全水平不断提高;既要保证农业持续稳定发展,又要兼顾生态环境改善的要求;既要考虑国内市场变化,又要应对经济全球化的挑战。未来一个时期,我国农业结构调整将向多元化目标转变,向抓质量安全、树品牌形象、增产业效益,涵盖产业结构、要素结构、组织结构、区域结构等全方位的立体调整转变。同时,在结构调整过程中,不仅要体现某一项的优势,更重要的是要体现出整体的复合优势。

(六)构建与农业产业结构调整相适应的支持体系

推进农业结构战略性调整,促进农业结构不断优化升级,需要构建起与之相适应的支持体系,重点在以下两个方面实现突破:

(1)增加资金投入。国家应从农业基础设施、品种改良、植物保护、动物防

---

① 1 公顷=10 000 平方米。

疫、农业科技创新等多方面增加对农业的投入,实施一系列直接服务于农业结构调整和农民增收的建设项目,为结构调整提供支撑。国家还应通过补贴等形式,鼓励农民调整农业生产结构;将种粮农民直接补贴等各项有关政策重点向优势农产品区域倾斜,推动优势农产品区域布局建设。强化主要农产品生产财政奖励政策,完善农产品加工业发展税收支持政策。

(2) 形成适应农业产业升级的人才结构。现阶段农业结构调整一个主要的不利因素是农业专业技术人才结构不合理,农业科研、推广力量主要集中在种植业,而养殖业的科研人才仅占约 1/5。在种植业中,不同作物品种和研究方向的研究人才也不平衡。而且,农产品加工人才、农业法律人才以及其他复合型人才在数量和水平上远远不能满足农业产业结构升级的需要。因此,应当适应建设现代农业的要求,围绕推进优势农产品区域布局,突出重点产业和优势产品,以优势农产品生产、加工等环节的关键技术为主攻方向,加速农业科技由单纯追求数量向数量、质量、效益并重转变,为农业产业结构升级提供人才支撑。

(七) 充分发挥市场对资源配置的基础性作用

在市场经济条件下,农业结构调整是产业组织在市场引导、政府宏观调控、法律约束、产业化经营等多种机制共同作用下的结果。在完善农业结构调整机制的过程中,我国将健全市场体系,完善市场机制,发挥好市场对农业结构调整的导向和调节作用,尊重农户和企业等市场主体在市场经济活动中的自主权。同时,将有效发挥政府在结构调整中的推动作用,主要是完善政府在经济调节、市场监管、社会管理和公共服务等方面的职能,解决农业结构调整中的市场失灵、公共产品短缺等问题。

💬 复习思考题

1. 农业结构的含义是什么?
2. 农业结构政策的具体目标是什么?
3. 简述我国农业结构政策主要有哪些内容。
4. 简述我国农业结构调整的发展趋势。

第 11 章　农业可持续发展政策

本章学习目标

1. 掌握农业可持续发展的政策目标及制定原则。
2. 掌握农业环境保护政策、农业自然资源保护政策。

导读

　　中国的经济体制经历了一系列根本性的变革,取得了举世瞩目的伟大成就,国民经济实力有了显著增强。但是我们也应该清醒地看到,中国是在人口基数大、人均资源占有量少、经济和科技水平都比较落后的条件下实现经济快速发展的。在这种形势下,传统的高消耗追求经济数量增长和"先污染后治理"的发展模式已不再适应当今和未来发展的要求,走可持续发展之路,才是中国未来发展的自身需要和必然选择。

第 1 节　中国农业可持续发展政策概述

一、农业可持续发展政策的目标

　　1991 年 4 月,联合国粮食及农业组织召开国际农业与环境会议,通过了《登博斯宣言》,阐明了可持续农业概念的确切内涵。宣言将可持续农业界定为:管理和保护自然资源基础,并调整技术和机构改革方向,以便确保持续满足目前几代人和今后世世代代人的需要。这种持续发展能保护土地、水资源、植物和动物遗传资源,而且不会造成环境退化,同时技术上运用适当,经济上可行,能够被社会接受。据此,农业可持续发展的内涵是:在满足当代人需要,又不损害后代满足其需要的发展条件下,采用不会耗尽资源或危害环境的生产方式,实行技术变革和机制性改革,减少农业生产对环境的破坏,维护土地、水、生物、环境不退化,技术上运用适当、经济上可行以及社会可接受的农业发展战略。环境不退化是指人类与自然环境之间、社会与自然环境之间达到和谐相处,建立一种非对抗性、非破坏性关系;技术上运用适当是指生态经济系统的合理化并不主要依靠高新技术,而以最适用、合理的技术为导向;经济上可行是指要控制投入成本,提高经济效益,避免国家财政难以维持和农民难以承受的局面;社会可接受是指生态环境变化、技术革新所引起的社会震荡,应当控制在可以承受的范围内。

我国农业可持续发展要注重农用土地资源数量的相对稳定及土地产出率的提高、农业生产方式和经营机制的改革、农业生产环境的改善等基本面,以及相关因素的配套协调,从而建立起农业可持续发展的良性循环的复合自然经济。因此,我国农业可持续发展政策的基本目标是:确保粮食稳定增长,保证人们生活水平提高和新增人口的食物要求,促进农村的综合发展,扩大农村劳动力的就业机会,增加农民收入,特别要努力消除贫困;合理开发和利用自然资源,改善生态环境,保持生态平衡。

二、我国农业可持续发展政策的制定原则

(一) 坚持因地制宜、分类指导的原则

我国农业生态环境问题比较复杂,各地治理建设的模式标准不一,在政策制定过程中要坚持统一规划、统一标准和严格质量要求。同时要结合不同类型区域的实际情况,搞好区域布局,因地制宜,实行分类指导。

(二) 坚持综合防治、突出重点的原则

坚持山、水、田、林、路综合治理,林、草、果、粮、菜全面开发,种草与造林结合,治坡与治沟结合,水土流失治理与产业开发结合。要突出重点地区、重点措施。在地区上,重点抓好黄河中上游、长江中上游及源头地区、"三北"风沙区、草原区的开发。在措施上,要重点抓好投资少、见效快、效果好的小型微型工程技术的应用。

（三）坚持改善条件、注重科技和政策法规支撑作用的原则

农业可持续发展和生态环境建设要在加强基本农田、水利设施、农业机械化等建设的同时，着力抓好科研、技术推广和生态环境保护法规等软件建设，充分发挥科技进步和法规对农业生态环境建设与保护的作用。

（四）坚持生产经营与管理并重的原则

要创造条件实行建设项目法人责任制的招标、投标制度，推进农业投资体制改革，适应社会主义市场经济体制的要求。同时，对农业生产要加强管理，适应农业发展方式转变的要求，实行集约经营，提高土地、水资源利用率，确保在搞好生态环境建设的同时，农业综合生产能力稳步提高。

（五）坚持综合利用与保护并重的原则

对新开发利用的农业资源，要采取利用与保护并重的方针，防止新的农业生态环境恶化，坚持在开发的同时，加强保护，注意工程措施与生物措施的紧密结合。

（六）坚持生态环境建设与经济社会发展相结合的原则

生态环境建设的目标总体上与广大农民的利益和要求是一致的，但在短期内、在局部利益上可能出现矛盾。因此，必须把生态环境建设与经济社会发展结合起来，形成生态环境建设与经济社会发展良性循环的运行机制。

三、实现我国农业可持续发展的政策措施

（一）建立支撑农业可持续发展的投入体系

增加农业投入是农业在较高水平上持续稳定发展的先决条件。农业可持续发展的投入体系应该在国家投资的推动下，增加自我造血功能，形成自我积累机制。由国家、集体、农民和企业单位组成投入体系，根据项目的性质、类别、经营主体确定投入主体并形成配套体系。

（二）依靠科技进步，促进农业可持续发展

科技进步是农业可持续发展的支柱。在加强基础理论研究的同时，加强生物技术、生态技术、农业系统工程技术的研究，重视研究和开发农业高新技术。健全有效的农业科技推广体系，在试点、示范上，因地制宜，大力推广新技术。搞好农业科技教育工作，办好各类专业院校，不断提高科技队伍的技术水平，增强

科技队伍的可持续发展后劲。加强农村基础教育、成人教育,提高劳动者素质。

（三）加强农业基础设施建设,实现土地产出率稳步提高

为实现土地产出率稳步提高,重点抓以下几方面的建设和治理:一是以更新改造、提高标准、完善配套、健全体系为主体的农田基本建设,进一步提高抗灾能力,减轻自然灾害对提高产出率的影响;二是以提高耕地基础地力为主体的改土增肥建设,提高土壤质量,增强土地产出率的后劲;三是加强农业生产条件的现代化建设,包括农业机械、农业化学、农业电力、良种、农业技术以及与此配套的农业技术体系建设,保证产出率稳步提高。

（四）建立和完善农业可持续发展的法律保障体系

建立和完善对农业非持续行为的约束机制,加强立法和执法。对一切损害和破坏农业资源、污染和破坏农业生态环境的行为,要绳之以法。通过建立和完善农业法规、配套组织,建立起农业可持续发展的法律保障体系。

第 2 节　农业环境保护政策

环境是指与人类密切相关的、影响人类生活和生产的、在自然或人类作用下形成的物质和能量及其相互作用的总和。环境一方面是人类生存和发展的物质基础和空间条件,另一方面承受着人类活动产生的废弃物质和其他种种结果。

一、我国农业环境保护政策的目标

根据农业农村部等有关部门的农业环境保护发展规划,我国农业环境保护政策的目标为:① 全国农业环境污染要得到基本控制,农业生态恶化的趋势要得到制止,重点农业区的环境质量要有所提高,农业环境总体状况要有所改善。② 农产品质量要基本符合国家和国际上关于食品卫生标准的要求,要基本达到"安全食品"或"绿色食品"的要求。③ 农业自然资源的综合开发利用要更为合理,可再生资源的开发利用与新型实用技术的推广应得到加强,生态农业的水平要有进一步的提高。④ 农业生态系统要基本进入良性循环,农业生产要基本走上持续、稳定、协调发展的轨道。⑤ 农村生产、生活环境要清洁、优美、安静,整个农村环境水平要有进一步的提高,与国民经济的发展和人民生活水平的提高相适应。

二、农业环境保护政策措施

(一) 制定实施环境标准

我国法律规定,环境质量标准和污染物排放标准属于强制性环境标准,违反强制性环境标准必须承担相应的法律责任。环境质量标准是指为保护人类健康和维持生态平衡而对污染物允许含量所作的规定。环境质量标准可分为水质量标准、大气质量标准、土壤质量标准和生物质量标准四类。污染物排放标准是指为了实现环境质量标准目标,结合技术经济条件和环境特点,对排入环境的污染物所作的控制规定。

(二) 预防为主,防治结合

这项政策是指通过采取各种防范措施,不产生或少产生对环境的污染和破坏,同时对已有的环境污染和破坏进行积极的治理。这项政策主要是为了防止新污染源的产生。主要措施是:

(1) 把环境保护纳入国民经济和社会发展的规划和计划。

(2) 实行"三同时"制度。对所有工业企业,不管是城市还是乡镇工业企业,其所有新建、改建和扩建项目,凡是排放"三废"和污染环境的,都必须把综合利用和治理"三废"的设施与主体工程同时设计、同时施工、同时投产,否则不准建设、不准投产。我国大中型建设项目"三同时"制度的执行率于 1991 年已近100%。从"三同时"制度可以延伸出"三同步"的原则,即经济建设、城市建设和环境建设要同步规划、同步实施和同步发展,做到经济效益、社会效益和环境效益的统一。

(3) 实行环境影响评价制度。该项制度规定所有建设项目,在建设前要做出该项目可能对环境造成影响的科学论证和评价,提出防治方案,编报环境影响报告书,从而避免盲目建设对环境的危害。

(三) 谁污染,谁治理

在我国的环保法中规定了"谁污染,谁治理"的原则。实行这一原则,符合环境经济学的原理,使生产的外化成本内化。同时这一原则以法律的形式规定了污染者必须承担的责任和费用,使污染者自觉、主动地采取控制污染的措施,从而可以控制污染源的发展。主要措施是征收排污费,这是一种重要的控制环境污染的经济手段。排污费是对排放污染物超过排放标准的工矿企事业单位征收的费用。排污费不同于赔款,缴纳排污费并没有免除其由于污染而造成损失的赔款。征收的排污费作为治理环境的专项基金,用于污染治理。

(四) 强化环境管理

在我国目前环保资金投入还跟不上的情况下,通过强化环境管理解决一些由于管理不善而造成的环境问题,并促使环保资金投入的增加。主要措施是:

(1) 环境保护目标责任制。

(2) 城市环境综合整治定量考核制度。

(3) 排放污染物许可证制度。

(4) 污染集中控制制度。

(5) 污染源限期治理制度。

(6) 企业环保考核制度。

(7) 加强环境监督和环境统计工作。

第 3 节　农业自然资源保护政策

对于农业生产来说,自然资源是农业发展的基本因素。但农业中的自然资源如土地、水等,呈现出越来越明显的有限性或稀少性,且质量不断恶化。随着人口的增加和人们生活水平的提高,社会需要更多的农产品,迫使人们要提高对自然资源的利用强度,这就构成了自然资源与农业可持续发展的矛盾冲突。

一、耕地资源保护政策

耕地资源是各种农业生产活动所必需的场所和最基本的生产资料,因此需要重视耕地的保护和利用。

(一) 防治水土流失

《中华人民共和国水土保持法》规定了各种预防水土流失和治理水土流失的制度,这是进行水土保持的政策依据和法律依据。防治水土流失的主要政策

措施包括:

(1) 严禁在不合理坡度上和不合理部位上开荒;允许开荒的地方,开荒时必须经过有关部门的批准,并要同时采取水土保持措施。

(2) 严禁滥伐林木破坏水土保持,严禁在森林进行不合理的耕作。

(3) 水利、交通、工矿、砂石、电力等工程建设,必须尽量减少破坏地貌和植被工程,同时必须有创面恢复和水土保持措施。

(4) 禁止滥采林产品,破坏草皮、滥牧或过度放牧的各种生产经营方式。

(5) 禁止不合理的林间采挖、培育食用菌、烧炭、烧砖、开矿、采石等生产活动,必须符合生产规划,结合水土保持措施。

治理措施主要可分为植物措施和工程措施两个方面。前者是指在水土流失部位植树种草,增加植被和提高植被质量。后者是指在必要的地方修建条田、梯田、塘坝、护岸、水库等,来控制水土流失。治理中要坚持植物措施与工程措施相结合,谁开发谁治理、谁受益谁补偿等原则。

(二) 防止耕地污染和质量恶化

要严加防范由于不合理耕作造成的耕地板结、肥力丧失和由于不合理的工程建设造成的耕地酸化、盐碱化等现象。

(三) 严格控制各种非农业占地

必须进一步加强《土地管理法》和《基本农田保护条例》的实施,制止乱占滥用农业用地,特别是要保护生产条件较好的基本农田。

二、水资源保护政策

制定水资源保护政策要着重考虑解决水资源短缺和污染严重的问题,这体现在《中华人民共和国水法》和《中华人民共和国水污染防治法》等法律中。

(一) 严格控制水体污染

要严格贯彻执行国家水污染防治法,防止对水体各种可能的污染;对已经污染的水域,采取有力措施,逐步加以治理以改善水质。坚持以防为主、防治结合的原则,切实加强统一管理和法制管理。

(二) 坚持全面节水方针

大力推行计划用水、节约用水。要严格管理,杜绝浪费。要依靠科学技术,建立节水型社会经济体系,从而保护稀缺的水资源。

(三) 合理开发、利用水资源

国家有关部门及各级地方政府在开发、利用和调节、调度水资源的过程中必须统筹兼顾,维护江河的合理流量和湖泊、水库以及地下水体的合理水位,维护水体的自然净化能力。要控制工矿区和农业灌溉等超采地下水,开展地下水回灌,遏止北方地下水水位继续下降,防止海水入侵;人工回灌补给地下水时,不得恶化地下水。

(四) 采取重点保护和建设的方针

在普遍加强管理的基础上,在一定时期要进行重点水利工程建设,如划定有关保护区、实施重点防护工程和治理工程等。

三、森林资源保护政策

(一) 实施分类保护政策

对防护林,只允许进行抚育和更新性质的采伐;对特种林则严禁采伐;对用材林则必须按科学合理的方式采伐,采伐量必须低于其生长量;对薪炭林则应因地制宜大力发展,用以替代燃用材林;在经济林建设中一定要同时附有水土保持工程;对薪炭林、用材林等都要大力提高其生产率,以节约其发展空间,转而为扩大防护林、特种林发展空间提供条件。

(二) 严格执行森林采伐限额

要依法实行凭证采伐制度和凭证运输制度等。通过各种控制措施,保证森林特别是用材林的消耗量低于其生长量,争取尽快地消除森林赤字,使森林覆盖率进入稳定或不断提高的状态。

(三) 进一步加强森林管理

要建立健全各级林业管理机构;建立和完善护林员制度;建立和完善森林监测体系,提高监测手段;普及《中华人民共和国森林法》教育,形成全民护林的社会风尚;建立起森林"三防"体系,即加强森林防火、森林病虫防治和防止乱砍滥伐、乱捕滥猎等。

(四) 加强国家和地方防护林体系建设

继续完成"三北"防护林建设和长江中上游防护林体系建设,继续推进平原绿化工程、太行山绿化工程、沿海防护林体系工程等林业重点工程建设。地方政府也要加强各自林业重点工程建设,与国家防护林体系相衔接,形成全国一体的多层的防护林体系网络。

(五)实行林业产业扶持政策

林业生产周期长、见效慢、效益低,有时森林保护区区域经济收益小,但下游地区和整体社会受益大。因此,应该增加对林业的资金投入,实行林业产业扶持政策。

四、草地资源保护政策

有关草地资源的保护规则,主要体现在《中华人民共和国草原法》和《中华人民共和国环境保护法》等法律中。

(1)改善草地资源利用方式。要根据草场状况合理调整载畜量,使牧畜取食量低于牧草生长量以维持畜草平衡;要采取围栏等方式轮封轮牧,使草场循环利用;要结合圈养、舍养等方式,人工植草和采草,建立贮草、草粉加工基地等,提高对草场的集约化利用水平。

(2)对草场进行更新和改良。包括:① 对草场进行耕作,选择优良牧草品种,实施飞机播种,从而使得草场得以更新和改良;② 兴建引水灌溉工程,提高草场生产能力;③ 采取各种措施,控制草原鼠、虫、病害;④ 建设防护林网等,防止草原沙化和水土流失等。

(3)建立健全草原监护系统。建立有关机构,安排人员,建设必要的设施,加强草原鼠、虫、病害的预测和防治,加强草原的防火和防止其他危害等。

(4)划定草原自然保护区,以重点保护和改良某些重要草地资源。

(5)对草原施以法制管理,完善草场承包经营责任制,调动广大牧民的积极性以加强对草原的建设和管理。

五、生物资源保护政策

为保护生物多样性,国家制定了《中国生物多样性保护行动计划》《全国生物物种资源保护与利用规划纲要》等。2021 年 10 月 12 日,习近平在《生物多样性公约》第十五次缔约方大会领导人峰会上做了《共同构建地球生命共同体》

的主旨讲话。2021 年 10 月 19 日,中共中央办公厅、国务院办公厅印发了《关于进一步加强生物多样性保护的意见》。这些政策和文件的出台,丰富了我国生物资源保护的政策体系。

(一) 建立物种资源库

通过投放一定量科学基金,建立国家和地区物种资源库,保存和繁殖物种,并开展人工引种、驯化的科研工作。这种保护生物物种资源的方式在我国早已实行,现有的国家和地方的农业科学院(所)和其他生物研究院(所)等都设有相应的生物种质库、基因库等,形成了物种资源保存体系。

(二) 实行保护区制度

对各种野生动植物资源,特别是珍奇、稀有的野生动植物品种,要采取建立保护区的办法,将其置于严格的法制管理中,从而使其得到有效保护。同时,严格规定对某些野生动物、水生动物和植物的禁止捕猎季节和禁止采伐季节。

(三) 坚持合理开发利用原则

对于某些可以开发利用的野生动植物,要根据科学研究确定合理的开发利用方式和强度。如对于某些野生动物,除限制一定的捕猎季节外,还要在划定范围内限制一定的捕猎数量,以防灭绝性捕杀;对于珍稀植物,也应规定采挖数量,以保持其自然再生力。

农业和农村的可持续发展是中国经济社会可持续发展的根本保证和优先领域。未来中国农业可持续发展政策将继续关注以下几个方面:一是追求农业与环境的协调发展;二是节约资源,提高资源利用率;三是建立经济与生态良性循环体系;四是发展生态农业;五是重视科技和教育的作用;六是通过农业产业化促进农业可持续发展。

💬 **复习思考题**

1. 我国农业可持续发展政策的目标是什么?

2. 我国农业可持续发展政策的制定原则是什么?

3. 实现我国农业可持续发展的政策措施有哪些?

第 12 章　农村社会发展政策

本章学习目标

1. 掌握我国农村教育政策的政策背景、政策目标与政策措施。
2. 掌握我国农村社会保障政策的政策背景、政策目标与政策措施。

导读

　　从我国农村总体现状来看,经济、社会发展仍比较落后,只有加强农村社会管理,大力发展农村社会事业,才能促进农村经济与社会的全面协调发展。农村社会发展政策的制定和实施,对于维护农村社会稳定、促进农村经济社会全面发展有着重要的现实意义。本章将主要就农村社会发展政策中的农村教育政策和农村社会保障政策分别展开论述。

第 1 节　农村教育政策

　　百年大计,教育为本。教育是民族振兴、社会进步的基石,是提高国民素质、促进人的全面发展的根本途径,寄托着亿万家庭对美好生活的期盼。农村教育仍是目前中国教育领域较薄弱的环节,是中国教育的重点与难点。没有农村教育的现代化,就没有中国教育的现代化,也就没有中国农村的现代化。

一、我国农村教育政策的背景

　　农村教育作为党中央提出的解决"三农"问题措施的一个重要组成部分,在整个国民教育教学体系中占有举足轻重的地位,具有基础性、先导性、全局性的作用,是我国教育工作的重中之重。21 世纪以来我国颁行的重大教育政策中,更加鲜明地体现出发展农村教育的政策导向。《中华人民共和国教育法》和《中华人民共和国义务教育法》为农村义务教育提供了法律保障。《中华人民共和国农业法》对农村教育法律制度进行了补充、修改和完善。2003 年 9 月,《国务院关于进一步加强农村教育工作的决定》清晰地阐释了新时期加强农村教育工作的重要性和现实意义,进一步明确了农村教育在整个教育事业中的地位,对如何加强农村教育工作作出了系统的、全面的政策部署。2010 年颁布的《国家中长期教育改革和发展规划纲要(2010—2020 年)》是我国教育改革发展史上一个新的里程碑。它不仅对教育事业科学发展具有重要意义,而且对全面建成小康社会、加快推进社会主义现代化、实现中华民族伟大复兴产生重大而深远的影响。2019 年 2 月,中共中央、国务院印发《中国教育现代化 2035》。其中指出,推进教育现代化的指导思想是:以习近平新时代中国特色社会主义思想为指导,全面贯彻党的十九大和十九届二中、三中全会精神,坚定实施科教兴国战略、人才强国战略,紧紧围绕统筹推进“五位一体”总体布局和协调推进“四个全面”战略布局,坚定“四个自信”,在党的坚强领导下,全面贯彻党的教育方针,坚持马克思主义指导地位,坚持中国特色社会主义教育发展道路,坚持社会主义办学方向,立足基本国情,遵循教育规律,坚持改革创新,以凝聚人心、完善人格、开发人力、培育人才、造福人民为工作目标,培养德、智、体、美、劳全面发展的社会主义建设者和接班人,加快推进教育现代化、建设教育强国、办好人民满意的教育。将服务中华民族伟大复兴作为教育的重要使命,坚持教育为人民服务、为中国共产党治国理政服务、为巩固和发展中国特色社会主义制度服务、为改革开放和社会主义现代化建设服务,优先发展教育,大力推进教育理念、体系、制度、内容、方法、治理现代化,着力提高教育质量,促进教育公平,优化教育结构,为决胜全面建成小康社会、实现新时代中国特色社会主义发展的奋斗目标提供有力支撑。

二、我国农村教育政策的目标

《中国教育现代化 2035》对全国的教育现代化提出了具体要求,其中也提

出了加强农村教育发展的政策目标,目标具有新颖性与明确性的特征。农村教育的政策目标具体为:

（一）以农村为重点提升学前教育普及水平

健全学前教育发展机制。建立更为完善的学前教育管理体制、办园体制和投入体制,强化省级、地市级政府的统筹责任,落实县级政府发展学前教育的主体责任,充分发挥乡镇政府作用。大力发展公办园,完善扶持政策,鼓励地方通过政府补贴、购买服务等方式,加快发展普惠性民办幼儿园,扩大普惠性学前教育资源。创新学前教育教师、保育员培养和补充机制,按标准补足配齐幼儿园教师和保育员,满足学前教育发展需求。

努力让所有儿童接受学前教育。完善学前教育服务网络,创新服务方式,探索适应边远山区、牧区、林区等地区的学前教育有效模式,实现学前教育全覆盖。

提高学前教育质量。加强县级政府对学前教育发展的统筹管理。

（二）巩固提高九年义务教育水平,推进义务教育均衡发展

构建更为严密的控辍保学制度。完善义务教育学籍管理制度和信息系统,精准跟踪每一名学生的就学状态,掌握失学原因,建立针对性控辍保学机制。科学布局农村学校,办好寄宿制学校,保留并办好必要的乡村小规模学校,保障学生就近享有优质教育,防止学生因就学不便而失学。

推进城乡义务教育均衡发展。健全城乡一体化的学校布局建设、师资配备、经费保障、督导评估等机制。推行教师"县管校聘",完善城乡校长教师交流轮岗制度。建立健全城乡对口帮扶机制,鼓励各地通过多种有效方式,持续扩大优质教育资源的覆盖面。办好乡村学校,推动学校融入乡村振兴发展。在实现县域内义务教育基本均衡的基础上,进一步推进优质均衡,鼓励有条件的地方在更大范围内实现均衡发展。

（三）加快普及高中阶段教育

21 世纪我国高中阶段的教育发展受到高度重视,加强农村高中阶段的教育发展也成为制定教育政策的重要方向。开展高中阶段教育普及攻坚;加大对中西部贫困地区、民族地区、边远地区、革命老区等教育薄弱地区,以及普及程度较低、资源不足的地区高中阶段教育普及攻坚支持力度,优化学校布局,加强学校建设,改善办学条件,满足学生就学需求;鼓励将民族地区未升入普通高中的初中毕业生,安排到省内经济发达地区和东西部协作对口帮扶省份接受中等职业教育,按规定提供生活、交通等补助,减轻上学负担。

(四)大力发展职业教育,加快发展面向农村的职业教育

发展职业教育是推动经济发展、促进就业、改善民生、解决"三农"问题的重要途径,是缓解劳动力供求结构矛盾的关键环节,必须摆在更加突出的位置。多种形式大力发展面向农业农村的职业教育,培养以新型职业农民为主体的农村实用人才,支撑乡村振兴。

(五)加快发展继续教育,构建灵活开放的终身教育体系

继续教育是面向接受完学校教育之后所有社会成员特别是成人的教育活动,是终身学习体系的重要组成部分。更新继续教育观念,加大投入力度,以加强人力资源能力建设为核心,大力发展非学历继续教育,稳步发展学历继续教育,广泛开展城乡社区教育,加快各类学习型组织建设。倡导全民阅读,推动全民学习。加快建设学习型社会是教育现代化的迫切要求,要以学习者为中心,建立渠道更加畅通、方式更加灵活、资源更加丰富、学习更加便利的终身学习体系,形成全民积极向学、随时随地可学的制度环境,推进全民终身学习,建设学习大国,大力提高国民素质。

三、我国农村教育政策措施

(一)政府重视,加快发展农村学前教育

学前教育对幼儿习惯养成、智力开发和身心健康具有重要意义。遵循幼儿身心发展规律,坚持科学的保教方法,保障幼儿快乐健康成长。建立政府主导、社会参与、公办民办并举的办园体制。大力发展公办幼儿园,积极扶持民办幼儿园。加大政府投入,完善成本合理分担机制,对家庭经济困难幼儿入园给予补助。加强学前教育管理,规范办园行为;制定学前教育办园标准,建立幼儿园准入制度;完善幼儿园收费管理办法;严格执行幼儿教师资格标准,切实加强幼儿教师培养培训,提高幼儿教师队伍整体素质,依法落实幼儿教师地位和待遇。教育行政部门加强对学前教育的宏观指导和管理,相关部门履行各自职责,充分调动各方面力量发展学前教育。

(二) 立足教育公平,保障农村义务教育的健康实施和有质量的发展

义务教育是国家依法统一实施、所有适龄少年儿童必须接受的教育,具有强制性、免费性和普及性,是教育工作的重中之重。注重品行培养,激发学习兴趣,培育健康体魄,养成良好习惯。2005 年 12 月,《国务院关于深化农村义务教育经费保障机制改革的通知》的主要内容是:全部免除农村义务教育阶段学生学杂费,对贫困家庭学生免费提供教科书并补助寄宿生生活费;提高农村义务教育阶段中小学公用经费保障水平;建立农村义务教育阶段中小学校舍维修改造长效机制;巩固和完善农村中小学教师工资保障机制。2006 年 6 月修订的《中华人民共和国义务教育法》进一步从法律层面建立起义务教育经费保障机制。2018 年 12 月该法又进行了修正,增加了法律责任和义务的相关规定。建立农村义务教育经费保障机制对于促进城乡义务教育的均衡发展,保障义务教育的公益性、公共性和公平性具有重大的政策意义。

(三) 继续大力发展农村职业教育和成人教育,为培养新型农民服务

我国农村职业教育和成人教育在发展中形成的基本政策是:第一,在全国各地农村,设立县乡职业教育和成人教育中心,以使农村职业教育和成人教育的发展有组织和制度保障;第二,通过改革中等教育结构,发展县域职业中学,为农村经济的发展培养劳动后备军;第三,实施支持性政策推进农村职业教育的发展,如中央和地方政府拨付专项资金用于农村职业教育的发展,同时对职业中学的学生予以经费资助;第四,努力推进农、科、教的有机结合,使农村经济发展、科学技术应用和职业教育发展密切联系,增强农村职业教育和成人教育的针对性、实用性和有效性;第五,适应农村经济结构与农村社会的转型,变革农村职业教育的服务目标,拓宽农村职业教育的服务功能,即农村职业教育不仅为培养现代农业劳动者和新农村建设者服务,也为培训转移劳动力服务,为推进中国的城镇化服务。

(四) 积极实施支持农村教育发展的教育政策

依据新农村建设确立的工业反哺农业,城市支持农村和多予、少取、放活的方针,从而为农村教育发展提供更多的政策保障与支持。《关于构建优质均衡的基本公共教育服务体系的意见》指出:推动城乡整体发展。以推进城乡教育一体化为重点,加快缩小县域内城乡教育差距。适应国家人口发展战略和服务乡

村振兴战略、新型城镇化战略,以城带乡、整体推进城乡义务教育发展,切实解决城镇挤、乡村弱的问题。建立与常住人口变化相协调的基本公共教育服务供给机制,按实际服务人口规模配置教育资源。优先发展乡村教育,健全控辍保学长效机制,加强义务教育巩固情况年度监测,持续提升九年义务教育巩固水平;科学制定城乡学校布局规划,进一步加强寄宿制学校建设,办好必要的乡村小规模学校;全面推进城乡学校共同体建设,健全城乡学校帮扶激励机制,确保乡村学校都有城镇学校对口帮扶;加强国家中小学智慧教育平台建设,构建互联互通、共建共享的数字教育资源平台体系,提供系列化精品化、覆盖德智体美劳全面育人的教育教学资源,创新数字教育资源呈现形式,有效扩大优质教育资源覆盖面,服务农村边远地区提高教育质量。

四、我国农村教育存在的问题与政策应对

(一) 我国农村教育存在的主要问题

1. 农村教育政策制定的问题

农村教育政策制定的问题主要表现在:农村教育政策制定的系统性不足,我国农村教育政策中的地方政策基本上是国家政策的细化和具体化。

2. 农村教育政策执行的问题

长期困扰农村教育发展的突出问题是农村教育政策执行资源的供给不力。进入 21 世纪以后,我国建立了农村义务教育经费保障机制,但农村学前教育发展、职业教育发展仍存在严重的经费供给困难。农村教育政策执行资源的供给不力,还表现在优质教师的供给不足问题始终存在,城乡基础教育教师队伍建设的差距迄今依然明显。

3. 农村教育制度的问题

从教育制度的层面看,我国现行的教育制度实际上仍存在一定程度的城乡分野,存在教育机会的认可与教育资源配置上的差别。在义务教育阶段城市学校享有的优势资源是农村学校难以比拟的。我国在全面推进学前教育发展和职业教育、成人教育发展时,在较长时期内,也实行了一种城乡有别的政策,即把学前教育发展和职业教育、成人教育发展的重心放在城市,实行城市优先的政策。

（二）我国农村教育问题的政策应对

进入 21 世纪以来，我国农村教育发展有了新的政策指引。国家将促进教育公平作为基本教育政策，由此，将统筹城乡教育发展和促进城乡教育均衡发展作为重要的政策追求。

1. 制定专项政策、启动专项工程、采取专项行动，以有针对性地解决农村教育发展中面临的突出问题

对农村教育发展的新问题、新特点，适时制定和实施新的旨在化解问题的政策。如通过新的政策制定与实施，解决农村进城务工人员子女在城市平等接受义务教育的问题、农村留守儿童的教育问题等。制定专项政策、启动专项工程、采取专项行动对化解农村教育发展中的突出矛盾与问题起到了有效的作用。

2. 通过政策试验，引领和推进农村教育的改革和发展

为了推进农村教育的发展，我国十分重视政策试验。所谓政策试验，主要是指农村教育的改革，通过新的政策设计，设立改革项目和改革试验区，从而以项目运作和在试验区进行试验的方式进行农村教育改革，以此探索改革经验，进而推向全国。

3. 与时俱进地变革与创新农村教育政策

当前，我国农村教育通过脱贫阶段的发展，已经从经费投入、控辍保学与义务教育、职业教育、内生动力等多个方面建立起了较为完善的政策体系，基本实现了政策的全覆盖，深入到了农村教育事业的多个方面，为不同层次、不同阶段的农村教育发展提供了规则依据。党的二十大报告指出"以中国式现代化全面推进中华民族伟大复兴"，并强调"教育、科技、人才是全面建设社会主义现代化国家的基础性、战略性支撑"。"全面建设社会主义现代化国家，最艰巨最繁重的任务仍然在农村。"农村教育振兴是教育现代化的关键环节，因此，未来的农村教育政策应以城乡二元结构中的农村与农村教育现实问题为立足点，以农村教育的新发展阶段、新发展目标、新发展理念、新发展格局为导向，结合乡村振兴战略的基本要求，不断加以变革和创新，通过推进农村教育振兴来实现乡村振兴。

第2节　农村社会保障政策

社会保障制度是促进市场经济发展的核心制度。目前,以农村最低生活保障、新型农村社会养老保险、新型农村合作医疗、农村五保供养、农村社会保障其他形式等为主要内容的农村社会保障政策体系已初步形成。

一、我国农村社会保障政策的背景

社会保障制度是国家通过立法并依法采取强制手段对国民收入进行再分配,对暂时或永久性失去劳动能力及因各种原因造成生活困难的社会成员提供基本生活保障,以保证劳动力再生产、社会安定、经济有序进行的措施、机制和制度的总称。

目前农村社会保障仍是中国社会保障建设中较为薄弱的环节。为了适应深化社会保障体制改革的基本要求,国家多次提出健全中国社会保障体系的宏伟目标。从党的十六大到党的十八大,以统筹城乡发展为显著标志,社会保障体系建设进入城乡统筹、全民覆盖、全面发展时期。党的十六大提出的奋斗目标中,将社会保障体系比较健全作为一项重要指标,对城乡社会保障制度改革提出新的要求。党的十六届三中全会和党的十七大把社会保障制度改革作为统筹城乡发展、构建和谐社会、保障和改善民生的重点任务并作出部署。党的十七届三中全会提出,要贯彻广覆盖、保基本、多层次、可持续原则,加快健全农村社会保障体系。党的十八届三中全会进一步提出建立更加公平可持续的社会保障制度的改革目标,标志着我国社会保障制度改革进入一个新的重要时期。2021年发布的《中华人民共和国国民经济和社会发展第十四个五年规划和2035年远景目标纲要》提出,完善农村社会保障和救助制度,健全农村低收入人口常态化帮扶机制。

二、我国农村社会保障政策的主要内容

(一) 农村最低生活保障

2007年7月,《国务院关于在全国建立农村最低生活保障制度的通知》要求将符合条件的农村贫困人口全部纳入保障范围,稳定、持久、有效地解决全国

农村贫困人口的温饱问题。

农村最低生活保障标准由县级以上地方人民政府按照能够维持当地农村居民全年基本生活所必需的吃饭、穿衣、用水、用电等费用确定,并报上一级地方人民政府备案后公布执行。农村最低生活保障标准要随着当地生活必需品价格的变化和人民生活水平的提高适时进行调整。

(二) 新型农村社会养老保险

新型农村社会养老保险(简称新农保)是以保障农村居民年老时的基本生活为目的,建立个人缴费、集体补助、政府补贴相结合的筹资模式,养老待遇由社会统筹与个人账户相结合,与家庭养老、土地保障、社会救助等其他社会保障政策措施相配套,由政府组织实施的一项社会养老保险制度,是国家社会保险体系的重要组成部分。我国从 20 世纪 90 年代开始农村社会养老保险试点,根据党的十七大和十七届三中全会精神,国务院决定从 2009 年起开展新型农村社会养老保险试点,并逐步扩大,在全国普遍实施,已基本实现对农村适龄居民的全覆盖。

1. 基本原则

新农保试点的基本原则是"保基本、广覆盖、有弹性、可持续"。一是从农村实际出发,低水平起步,筹资标准和待遇标准要与经济发展及各方面承受能力相适应;二是个人(家庭)、集体、政府合理分担责任,权利与义务相对应;三是政府主导和农民自愿相结合,引导农村居民普遍参保;四是中央确定基本原则和主要政策,地方制定具体办法,对参保居民实行属地管理。

2. 参保范围

年满 16 周岁(不含在校学生)、未参加城镇职工基本养老保险的农村居民,可以在户籍地自愿参加新农保。

3. 基金筹集

新农保基金由个人缴费、集体补助、政府补贴构成。

(1) 个人缴费。参加新农保的农村居民应当按规定缴纳养老保险费,地方可以根据实际情况增设缴费档次。参保人自主选择档次缴费,多缴多得。国家依据农村居民人均纯收入增长等情况适时调整缴费档次。

(2) 集体补助。有条件的村集体应当对参保人缴费给予补助,补助标准由村民委员会召开村民会议民主确定。鼓励其他经济组织、社会公益组织、个人为参保人缴费提供资助。

（3）政府补贴。政府对符合领取条件的参保人全额支付新农保基础养老金，其中中央财政对中西部地区按中央确定的基础养老金标准给予全额补助，对东部地区给予50%的补助。

4. 建立个人账户

国家为每个新农保参保人建立终身记录的养老保险个人账户。个人缴费，集体补助及其他经济组织、社会公益组织、个人对参保人缴费的资助，地方政府对参保人的缴费补贴，全部记入个人账户。

5. 养老金待遇

养老金待遇由基础养老金和个人账户养老金组成，支付终身。

6. 养老金待遇领取条件

年满60周岁、未享受城镇职工基本养老保险待遇的农村户籍的老年人，可以按月领取养老金。

（三）新型农村合作医疗

新型农村合作医疗制度（简称新农合），是指由政府组织、引导、支持，农民自愿参加，个人、集体和政府多方筹资，以大病统筹为主的农民医疗互助共济制度。采取个人缴费、集体扶持和政府资助的方式筹集资金。

（四）农村五保供养

20世纪50年代，我国开始建立以保吃、保穿、保住、保医、保葬为基本内容的农村五保供养制度。改革开放以来，农村五保供养制度不断完善。2006年3月1日我国开始施行的《农村五保供养工作条例》，使这项制度实现了从农民互助共济向政府财政保障为主的重大转变。

老年、残疾或者未满16周岁的村民，无劳动能力、无生活来源又无法定赡养、抚养、扶养义务人，或者其法定赡养、抚养、扶养义务人无赡养、抚养、扶养能力的，享受农村五保供养待遇。农村五保供养内容主要包括：供给粮油、副食品和生活用燃料；供给服装、被褥等生活用品和零用钱；提供符合基本居住条件的住房；提供疾病治疗，对生活不能自理的给予照料；妥善办理丧葬事宜。农村五保供养对象未满16周岁或者已满16周岁仍在接受义务教育的，应当保障他们依法接受义务教育所需费用。农村五保供养对象的疾病治疗,应当与当地农村合作医疗和农村医疗救助制度相衔接。

(五) 农村社会保障其他形式

农村社会保障除了以上几种主要形式以外,还包括被征地农民就业培训和社会保障工作与优抚保障等。其中主要的政策性文件有:《国务院办公厅转发劳动保障部关于做好被征地农民就业培训和社会保障工作指导意见的通知》和《军人抚恤优待条例》等。

三、我国农村社会保障政策的目标

党的十八大把社会保障全民覆盖作为全面建成小康社会的重要目标,要求坚持全覆盖、保基本、多层次、可持续方针,以增强公平性、适应流动性、保证可持续性为重点,全面建成覆盖城乡居民的社会保障体系。整合城乡居民基本养老保险制度、基本医疗保险制度;把现行的新型农村社会养老保险和城镇居民社会养老保险整合为统一的城乡居民基本养老保险制度,把现行的新型农村合作医疗制度和城镇居民基本医疗保险制度整合为统一的城乡居民基本医疗保险制度;实现城乡居民在制度上的公平和公共资源上的共享,实现城乡社会保障制度的一体化,成为未来农村社会保障政策发展的目标。

四、我国农村社会保障政策措施

(一) 扩大农村社会保障的覆盖面,提高农村社会保障水平

在现阶段,我国广大农民群众的基本要求是"生有所靠,老有所养,病有所医"。因此,应该着重建立和完善农村最低生活保障制度、养老保险制度、合作医疗制度,从而扩大社会保障的覆盖面及保障水平。鉴于我国农村各地社会经济发展很不平衡,农民对社会保障的要求也不一样,因而必须从农村实际出发,扩大农村社会保障的覆盖面,提高农村社会保障水平。

(二) 拓宽农村社会保障资金来源渠道

要拓宽农村社会保障资金来源渠道,建立稳定的多渠道筹集社会保障资金的制度,筹集资金主体要从单一化走向多元化。同时,政府要加大对农村社会保障资金的财政投入力度,各级政府应把建立农村社会保障制度列入当地经济社

会发展规划,调整财政支出结构,加大财政补助力度,不断提高保障标准和补助水平。

(三) 完善和规范农村社会保障管理,强化监督

农村社会保障中存在的部分农民投保热情不高、社会保障意识淡薄的现象,与农村社会保障体制不规范有密切联系。因此,要使农村社会保障事业健康发展,必须强化农村社会保障制衡机制。首先,应加强农村社会保障管理机构建设,建立全国统一的、有权威的农村社会保障管理机构。其次,完善农村社会保障监督体系,这是农村社会保障制衡机制的主要组成部分。最后,加强农村社会保障机构的队伍建设。要通过内部提高职工素质和外部引进专业人才的途径,努力塑造和培育一支专业化、现代化、市场化管理所需要的专业队伍。

(四) 加强农村社会保障制度的立法工作

社会保障的性质在于它的政府强制性和非营利性,体现的是社会成员在政府保障下的平等保障权利;目的是使每个社会成员都能分享经济发展的实际利益,共有共享经济发展成果,达到富国安民,所以必须加快社会保障立法工作,依法建立社会保障制度。

五、我国农村社会保障政策的问题与展望

(一) 我国农村社会保障政策存在的主要问题

1. 农村社会保障社会化程度偏低

新型农村社会养老保险制度,采取社会统筹与个人账户相结合的基本模式,以及个人缴费、集体补助、政府补贴相结合的筹资方式,但在施行中发现,中青年参保率远低于中老年参保率。尽管地方政府鼓励年轻人长期缴费,但政策对年轻农民群体仍缺乏吸引力。此外,党和国家施行的惠民工程——新农合,在施行过程中也出现了一些新问题。由于医院诱导医疗需求的趋势不断加强,一些地方存在对农民患者过度使用药品、重复检查、重复治疗等不合理现象,加之其报销程序较为复杂,影响了农民继续参保的积极性。

2. 农村社会保障资金筹措不足

农村社会保障资金缺乏稳定来源,社会保障资金来源比较单一且有限。长

期以来,我国各级财政将可用的资金大多集中于城镇社会保障体系的建设上,而对农村社会保障体系建设的投入则较少。与此同时,由于农民个人缴费筹款困难,加之村级集体资金短缺,承担能力有限,农村社会保障资金来源渠道少,农村社会保障能力就呈现出不足。

3. 农村社会保障管理体制不够健全

农村社会保障工作存在多头管理现象,导致其管理职能分散。部分险种间尚未完全实现有效的衔接,造成重复参保和转移接续困难等问题。按照国际通行做法,社会保障基金的征缴、管理和使用应分权管理,并实行收支两条线管理,各司其职,互相监督,以保证资金正常运行。

(二) 我国农村社会保障政策的展望

在未来农村社会保障体系建设中,需要遵循普惠、公平、城乡统筹、循序渐进的原则。具体方向包括:根据综合援助的要求,以最低生活保障为核心,建立城乡一体化的综合型社会救助体系;整合城乡居民基本养老保险制度、基本医疗保险制度;根据老有所养的民生目标,积极稳妥地推进农民社会养老保险制度建设;适应人口老龄化的需求,积极发展老年福利事业,以及其他福利事业;完善农村灾害救助制度;实现城乡社会保障制度的有效衔接。

 复习思考题

1. 简述我国农村教育政策的目标和措施。
2. 简述我国农村社会保障政策的目标和措施。

主要参考文献

1. 钟甫宁.中国粮食安全保障:理论与政策选择[M].北京:科学出版社,2023.

2. 尤金·巴达克.政策分析八步法[M].3版.北京:中国人民大学出版社,2020.

3. 张广胜.美国农业[M].北京:中国农业出版社,2021.

4. 陈庆云.公共政策分析[M].2版.北京:北京大学出版社,2011.

5. 陈锡文,罗丹,张征.中国农村改革40年[M].北京:人民出版社,2018.

6. 高兴武.公共政策评估:体系与过程[J].中国行政管理,2008(2).

7. 黄季焜.四十年中国农业发展改革和未来政策选择[J].农业技术经济,2018(3).

8. 焦必方.农村和农业经济学[M].上海:上海人民出版社,2009.

9. 李秉龙,薛兴利.农业经济学[M].2版.北京:中国农业大学出版社,2009.

10. 宋洪远.中国农村改革三十年[M].北京:中国农业出版社,2008.

11. 唐忠.农村土地制度比较研究[M].北京:中国农业科技出版社,1999.

12. 王华巍.世界主要发达国家农业政策的比较研究[D].长春:吉林大学,2005.

13. 王绍光.中国公共政策议程设置的模式[J].中国社会科学,2006(5).

14. 肖海峰.农业政策学教程[M].北京:中共中央党校出版社,2005.

15. 徐月宾,刘凤芹,张秀兰.中国农村反贫困政策的反思:从社会救助向社会保护转变[J].中国社会科学,2007(3).

16. 杨润勇.我国十年农村教育政策进展与分析[J].国家教育行政学院学报,2013(12).

17. 张广胜,周密.新生代农民工市民化进程的测度及其决定机制[M].北京:经济科学出版社,2013.

18. 张红宇,赵长保.中国农业政策的基本框架[M].北京:中国财政经济出版社,2009.

19. 钟甫宁.农业政策学[M].2版.北京:中国农业出版社,2011.

20. 周黎安,陈烨.中国农村税费改革的政策效果:基于双重差分模型的估计[J].经济研究,2005(8).

教学支持说明

  建设立体化精品教材,向高校师生提供整体教学解决方案和教学资源,是高等教育出版社"服务教育"的重要方式。为支持相应课程教学,我们专门为本书研发了配套教学课件及相关教学资源,并向采用本书作为教材的教师免费提供。

  为保证该课件及相关教学资源仅为教师获得,烦请授课教师清晰填写如下开课证明并拍照后,发送至邮箱:jingguan@ pub.hep.cn或 liurong@hep.com.cn,也可通过 QQ:46104652或 810138010,进行索取。

  咨询电话:010-58581020,编辑电话:010-58581783。

证　　明

  兹证明_____大学_____学院 / 系第_____学年开设的_____课程,采用高等教育出版社出版的《农业政策学(第二版)》(作者:张广胜) 作为本课程教材,授课教师为_____,学生_____个班,共_____人。授课教师需要与本书配套的课件及相关资源用于教学使用。

  授课教师联系电话:_____E-mail:_____

学院 /系主任:_____(签字)

(学院 /系办公室盖章)

20____年____月____日

郑重声明

高等教育出版社依法对本书享有专有出版权。任何未经许可的复制、销售行为均违反《中华人民共和国著作权法》，其行为人将承担相应的民事责任和行政责任；构成犯罪的，将被依法追究刑事责任。为了维护市场秩序，保护读者的合法权益，避免读者误用盗版书造成不良后果，我社将配合行政执法部门和司法机关对违法犯罪的单位和个人进行严厉打击。社会各界人士如发现上述侵权行为，希望及时举报，我社将奖励举报有功人员。

反盗版举报电话　（010）58581999　58582371

反盗版举报邮箱　dd@hep.com.cn

通信地址　北京市西城区德外大街 4 号
　　　　　高等教育出版社知识产权与法律事务部

邮政编码　100120

读者意见反馈

为收集对教材的意见建议，进一步完善教材编写并做好服务工作，读者可将对本教材的意见建议通过如下渠道反馈至我社。

咨询电话　400-810-0598

反馈邮箱　gjdzfwb@pub.hep.cn

通信地址　北京市朝阳区惠新东街 4 号富盛大厦 1 座
　　　　　高等教育出版社总编辑办公室

邮政编码　100029